1인창업으로 억만장자가 되라 개정판! 1인사업의 길과 삶이 담긴 책!

나는 1인사업으로 억대수입의 길을 간다

장열정 지음

1인창업으로 작게 시작해 성공하는 길에 대한 비밀!

"작게 시작해서 크게 성공하는
1인사업으로 인생역전하다"

백배
미디어

| 목차 |

머리말	"1인창업으로 억만장자의 길을 가라"	09
제1장	어떻게 하면 1인창업을 할 수 있을까요?	13
제2장	끝에서부터 시작하면 억만장자가 된다	17
제3장	1인창업으로 억만장자의 꿈을 이루라	23
제4장	1인창업하여 당신의 특별한 깨달음을 전수하라	27
제5장	1인창업하여 모든 일과 수입을 자동화하라	31
제6장	1인창업하고 싶다면 책부터 써내라	35
제7장	1인창업하여 억대수입 강연가가 되라	41
제8장	1인창업을 위해 천재적인 코치를 받으라	45
제9장	1인창업하여 평생 자기계발 하라	49
제10장	1인창업을 하면 얻게 되는 최고의 축복들	53
제11장	잠잘 때만 꿈꾸지 말고 눈뜨고 꿈을 이뤄라	61
제12장	당신의 꿈을 내일로 미루지 마라	65
제13장	꿈을 이루려면 자신과의 약속을 지켜라	69
제14장	회사에서는 왜 거짓말하게 될까?	75
제15장	평생직장이 아닌 평생 가족을 책임져라	81
제16장	가족의 행복이 가장 위대하다	87
제17장	가족을 위해 직장에서 당장 나와라	93
제18장	직장이라는 숨 막히는 칸막이에서 벗어나라	97
제19장	지긋지긋한 면접 그만보고 이제 면접관이 되라	103
제20장	직원의 위치에서 사장의 위치로 옮겨라	109

제21장	1인창업을 위해 지금 당장 저질러라	113
제22장	창업 무조건 단기간에 준비하라	117
제23장	프랜차이즈를 버리고 평생 직업을 가져라	123
제24장	벤치마킹하지 말고 당하는 사람이 되라	127
제25장	창업아이템은 이미 당신 안에 있다	131
제26장	평범한 경험이 탁월한 당신을 만든다	135
제27장	틈새시장보다 당신의 특별함이 먼저다	141
제28장	누군가 당신의 이야기를 기다린다	145
제29장	당신을 홍보하기 위해서 지금 당장 책을 써라	149
제30장	천재적인 책을 읽고 천재적으로 책을 써라	153
제31장	최고의 마케팅 방법은 책 마케팅이다	157
제32장	다른 사람을 성공시키는 것이 최고의 마케팅이다	163
제33장	천재코치를 만나고 당신도 코치가 되라	167
제34장	직원의 의식수준을 높여라	173
제35장	창업 시작했으면 성공할 때까지 포기하지 마라	177
제36장	한번 실패로 절망하지 말고 다시 창업하라	181
제37장	문제가 생기면 백배로 크게 생각하라	187
제38장	감사마인드로 어려움을 이기는 비결	193
제39장	경쟁하지 말고 함께 성공하라	197
제40장	최고의 동업자와 함께 동업하라	201

제41장	주변 사람들과 함께 성장하고 행복하라	205
제42장	공짜 좋아하면 공짜 인생 된다	209
제43장	남의 시선을 신경 쓰면 인생 망친다	215
제44장	고인 물이 되지 말고 흐르는 물이 되라	219
제45장	성공의 진정한 기준은 무엇일까?	223
제46장	당신의 마음 배터리를 충전하라	229
제47장	크게 성공하려면 여행부터 다녀와라	235
제48장	억만장자는 휴식할 때 아이디어를 얻는다	241
제49장	마음까지 부요한 억만장자 마인드를 가져라	245
제50장	물질 기부하는 최고로 부요한 삶을 살라	251
제51장	자녀에게 무엇을 물려줘야 할까?	255
제52장	노후준비, 노후에 하지 말고 지금부터 하라	259
제53장	자신의 인생에 한계가 없는 삶을 살라	263
제54장	천재적인 사업가, 강연가, 작가의 길을 가라	267

| 글을 닫으면서 |
'직장인'에서 '사장님'으로 '노예'에서 '억만장자'로 성장하라 273

| 감사의 글 |
나는 사랑받는 행복한 사람입니다 277

To change one's life we must start immediately
and do it flamboyantly. No exceptions.

- William James

인생을 바꾸려면 지금 당장 시작하여
눈부시게 실행하라. 예외는 없다.

- 윌리엄 제임스

머리말

"1인창업으로 억만장자의 길을 가라"

꿈을 이루고 큰돈을 벌려면 어떻게 해야 할까요?

세계적인 대부호이자 작가인 켄 피셔(Kenneth Fisher. 1950~)는 젊은이들에게 "억만장자가 되려면 창업을 하라"고 권했습니다.

큰돈을 버는 데는 여러 가지 방법이 있습니다. 그 중에 가장 빨리 큰돈을 벌 수 있는 길이 바로 창업입니다. 그렇다면 당신도 만사를 제쳐 두고 지금 당장 창업해야 합니다. 이 책을 읽고 창업하십시오.

빌게이츠는 자신이 젊은 시절에 한 창업에 대해 이렇게 말했습니다.

"나는 다른 사람이 먼저 내가 하려는 회사를 차릴까 두려워 하버드대학을 중퇴하고 창업했다. 그 결과 나는 내가 원하는 것을 다 얻었고 크게 성공했다. 취직하려면 대학을 졸업하고 창업하려면 만사를 제쳐 두고 지금 당장 하라. 절대로 후회하지 않고 원하는 것을 얻게 된다."

창업에 대해 이런 말이 있습니다. "가장 우수한 학생들은 중도에 대학을 그만 두고 창업한다. 그 다음 우수한 학생들은 대학을 졸업하고 창업한다. 가장 미련한 사람은 대학을 졸업하고 남이 창업한 회사에 취직하려고 이력서를 들고 줄을 선다. 당신은 어떤 사람인가?"

창업해서 성공하는 것이 가장 큰 돈을 벌 수 있는 길입니다. 스스로 회사를

차려야 합니다. 당신도 회사를 차리는 방법만 알면 1인창업하여 하루에 1억, 10억, 100억을 벌 수 있습니다. 1인창업의 조건은 큰 꿈과 강력한 실천력, 이해심 많은 배우자 등인데 이 중에 한 가지만 있어도 충분히 가능합니다. 당신도 이 책을 읽고 1인창업하십시오.

당신은 언제 1인창업을 하고 싶습니까? 나는 1인창업을 하여 정말 행복한 삶을 살고 있습니다. 억대수입을 올립니다. 매일 가족과 함께 여유롭게 산책합니다. 잠을 마음껏 푹 자고 하루에 몇 시간만 일해 큰 성과를 얻습니다. 나는 1인창업으로 내가 원하는 자유와 행복, 부를 얻었습니다. 만약 내가 1인창업을 하지 않았다면 지금도 노예처럼 남이 시킨 일만 하며 비참한 삶을 살고 있을 것입니다. 끔찍합니다.

지금 나는 1인창업으로 성공했습니다. 물론 예전에는 나도 당신처럼 몇 푼의 봉급을 받고 아침 8시에서 오후 6시까지 하루 종일 죽어라 일하는 평범한 직장인에 불과했습니다. 꿈도 희망도 자유도 행복도 없이 남의 회사에서 남을 위해 공장의 기계 부속품처럼 일했습니다.

나는 1인창업이 너무나 하고 싶었습니다. 도대체 어떻게 해야 할까요? 서점에 가면 1인창업에 대한 책이 몇 권 있었지만 구체적이고 정확한 방법을 알려주는 책은 없었습니다. 그래서 내가 1인창업에 성공하여 책을 써내기로 마음먹었고 실제로 그렇게 되었습니다.

1인창업을 어떻게 합니까? 그 방법을 알아야 성공합니다.

직업의 종류에는 노동업과 매매업과 정보업이 있는데 나는 이 책에서 정보업에 대해 말하고자 합니다. 정보업은 "나 자신이 기업이다"라는 '1인기업 마인드'에서 출발합니다. 큰 사무실을 임대하고 많은 직원과 승합차, 전화기를 두고 허세를 부리며 시작하는 것이 아닙니다.

당신 자신이 기업이라는 사실을 알고 나면 당신 안에 있는 남다른 지혜와

지식, 정보에 큰 가치를 부여해 높은 가격에 팔겠다고 마음먹어야 합니다. 이런 정보업을 하지 않으려면 매매업 곧 직접 물건을 만들든지 아니면 다른 사람이 만든 물건을 가져와 팔아야 합니다.

당신은 대학생입니까? 직장인입니까? 사업가입니까? 주부입니까?

그렇다면 내 책이 당신에게 많은 도움이 될 것입니다. 이 책은 당신에게 창업하여 억만장자가 되는 방법을 알려줄 것입니다. 당신은 이 책을 통해 평생 자유롭게 부요하고 행복하게 살게 될 것입니다.

1인창업하여 부자가 된 사람들은 지금 이 시간에도 억대수입을 올리고 있습니다. 나는 그러한 억대수입의 비결을 알고 있고 내 삶에 하나씩 이루어 가고 있습니다. 당신도 그 비결을 알고 싶지 않습니까?

그렇다면 억만장자가 되기 위해서는 어떻게 해야 할까요?

첫째, 잃었던 꿈과 자유를 찾으십시오. 둘째, 직장생활을 중단하고 1인창업을 하십시오. 셋째, 부요한 마음으로 지금부터 베풀며 사십시오. 넷째, 수재와 영재가 아닌 천재적인 삶을 사십시오.

내가 말하는 억만장자의 삶은 단순히 돈만 많이 버는 것이 아닙니다. 진정으로 행복한 삶을 사는 것입니다.

억만장자는 누구보다 행복해야 합니다. 행복하지 않은 억만장자는 가짜 억만장자입니다. 나는 이 책에서 진정한 억만장자의 삶이 무엇인지 이야기할 것입니다.

당신은 언제까지 직장 생활을 할 생각입니까? 나는 행복한 억만장자의 삶을 살기 위해 직장을 그만두었습니다. 봉급자 생활을 과감히 청산하고 1인창업하여 '장열정의 1인창업연구소'를 설립했습니다. 평생 후회하지 않습니다. 당신도 창업하면 후회하지 않을 것입니다.

그렇다면 1인창업은 어떻게 하는 것일까요? 다섯 가지입니다.

첫째, 자신의 재능에 가치를 부여하라.
둘째, 온라인 카페를 만들고 고객 관리를 하라.
셋째, 자신의 이름과 얼굴, 삶과 깨달음이 담긴 책부터 써내라.
넷째, 고액의 등록비를 받고 강연과 코칭을 하라.
다섯째, 럭셔리 제품을 팔아 억대수입을 올려라.

나는 1인창업학교, 책쓰기와 강연학교, 공동저자 등을 통해 사람들이 꿈을 이루도록 도와주고 있습니다. 또한 그들의 의식 수준을 높여 진정한 억만장자의 삶을 살도록 도와주고 있습니다.

"오르지 못할 나무는 쳐다보지도 말라"는 속담이 있지만 나는 "오르지 못할 나무는 사다리를 놓고 올라가면 된다"고 말합니다. 당신도 창업 전문가인 내게 찾아와 도움을 받으면 쉽게 창업할 수 있습니다.

당신은 1인창업으로 평생 행복한 억만장자의 삶을 살게 될 것입니다. 이제 당신에게 필요한 것은 꿈을 향한 열정과 결단과 도전입니다. 내일로 미루지 말고 지금 당장 시작하십시오. 원하는 것을 얻게 됩니다. 결코 푼돈에 쩔쩔매는 삶을 살지 마십시오. 억대수입을 올리며 당신이 진정으로 원하는 일을 하며 행복하게 사십시오. 성공해서 많은 사람들을 도와주며 사십시오. 나누고 베푸는 멋진 삶을 사십시오.

당신의 용기 있는 선택이 당신의 인생과 가족을 변화시킵니다.
당신도 1인창업으로 행복한 억만장자가 되십시오.

2014년 6월 6일
1인창업연구소 회장 장열정

천재작가 장열정의 이야기와 깨달음 - 제 1 장

어떻게 하면 1인창업을 할 수 있을까요?

당신은 진정으로 하고 싶은 일만 하며 삽니까?

우리 인생은 짧습니다. 남이 시킨 일만 하다 끝낼 순 없습니다. 진정으로 내가 하고 싶은 일을 마음껏 하며 최고의 행복과 자유를 누리며 멋지게 살아야 합니다. 또한 하루에 몇 시간만 일해도 억대수입을 올릴 정도로 자기 분야에 독보적인 천재성을 발휘해야 합니다.

나도 과거에 남들처럼 아무 생각 없이 열심히 직장 생활을 했습니다. 그러다 어느 날 이대로 살다간 내 인생에 희망이 없다는 깨달음을 얻고 과감히 직장에 사표를 던졌습니다. 그리고 내 이름을 걸고 1인창업을 했습니다. 지금은 말할 수 없이 행복합니다. 내가 하고 싶은 일만 하기 때문입니다.

내 이름을 내걸고 1인창업하여 크게 성공하는 것은 내 어릴 적부터 뜨겁게 열망했던 꿈이었습니다. 그 꿈대로 되었습니다. 나는 지금 나만의 특별한 경험과 천재적인 노하우를 전수하며 억대수입을 올리고 있습니다. 나는 매일 아침 눈곱을 비비며 억지로 일어나 직장에 출근해야 할 필요가 없습니다. 아침에 눈을 뜨면 행복한 가슴에 부풀어 침대에서 일어납니다. 하루 종일 내가 하고 싶은 일만 하며 삽니다.

그동안 많은 사람들이 나처럼 1인창업하여 1인기업을 세웠습니다.

자신의 이름과 얼굴을 걸고 창업했습니다. 그 사람들은 매장도 자본도 직원도 없이 1인창업하여 억대수입을 올려 억만장자의 삶을 살고 있습니다. 어떻게 그것이 가능했을까요? 나는 밤낮 고민하며 연구했습니다. 그 결과 나는 천재적인 1인창업의 원리를 정립했습니다. 일을 조금만 해도 억대수입을 올릴 수 있는 탁월한 원리를 정립한 것입니다. 이것이 바로 '장열정의 천재적인 1인창업의 원리'입니다.

첫째, 자신의 재능에 가치를 부여하라.
둘째, 온라인 카페를 만들고 고객 관리를 하라.
셋째, 자신의 이름과 얼굴, 삶과 깨달음이 담긴 책부터 써내라.
넷째, 고액의 등록비를 받고 강연과 코칭을 하라.
다섯째, 럭셔리 제품을 팔아 억대수입을 올려라.

이 모든 일을 혼자서 쉽게 해내는 것을 1인창업이라고 합니다.
어떻게 하면 1인창업을 하고 억대수입을 올릴 수 있을까요?
첫째, 자신의 재능에 가치를 부여하십시오.
많은 사람들이 자기 안에 세상을 깜짝 놀라게 할 엄청난 재능을 갖고 있음에도 불구하고 그것을 깨닫지도 발견하지도 팔지도 못하므로 평생 가난에 허덕이며 살다가 비참하게 인생을 마감하고 있습니다. 자신이 어릴 때부터 저절로 잘했던 것, 너무 좋아 밤새워 했던 것이 있을 것입니다. 그것이 당신의 천재적인 재능입니다. 그것을 찾아내 큰 가치를 부여하고 높은 가격을 매겨 팔아 억대수입을 올려야 합니다.
둘째, 온라인 카페를 만들고 고객 관리를 하십시오.
블로그는 자신을 홍보하는 데 도움이 되지만 수만 명과 연결되어도 실제적인 고객 관리를 할 수 없습니다. 고객 관리를 제대로 하려면 카페를 운영하며 가입하는 회원들의 이름과 핸드폰 번호 등 최소한의 기본 정보를 수집해야 합니다. 그리고 일주일에 한두 번씩 문자를 보내 고객과 정기적으로 연결되어야 하며 고객에게 필요한 상품에 대한 정보를 주어 크고 작은 구매가 이어지도록 해야 합니다.

셋째, 자신의 이름과 얼굴, 삶과 깨달음이 담긴 책부터 써내십시오.

당신이 가장 빠르게 전문가로 인정받는 길은 책을 써내는 것입니다. 종이책으로 출판하지 않고 전자책을 만들어 온라인상으로만 판매하는 1인기업가도 있습니다. 하지만 종이책의 힘은 그보다 수천 배가 강합니다. 어떻게든 책을 출간하여 전국과 세계에 내 이름과 얼굴, 내 삶과 깨달음을 전달해야 합니다. 최고의 마케팅은 책 마케팅입니다.

넷째, 고액의 등록비를 받고 강연과 코칭을 하십시오.

책을 써내면 강연 요청이 들어오게 됩니다. 그러면 한 시간에 수십에서 수백만 원의 강사비를 받게 됩니다. 미국의 한 강사는 한 시간에 1억을 받습니다. 1년에 300억 이상의 강연 수입을 올리는 것입니다.

또한 책을 낸 후 자신의 이름을 내걸고 유료 강연회를 열면 진짜 마니아들과 만나게 됩니다. 단돈 1만 원을 받더라도 무료가 아닌 유료 강연회를 열어야 합니다. 무료로 연결된 사람은 고객이 아닙니다. 무료로 시작해서 무료로 끝날 관계입니다. 공짜로 준 정보는 대부분 쓰레기통으로 버려집니다. 무료가 아닌 유료 강연을 해야 합니다.

1만 원이라도 등록비를 낸 고객은 백만 원, 천만 원, 일억이라도 거래가 가능합니다. 그 중에 어떤 고객은 당신과 일대일로 관계를 맺고 실제적인 도움을 받으려고 할 것입니다. 그들을 일대일로 코치하면 억대수입을 올리게 됩니다. 그 사람은 당신에게 990만 원의 등록비를 내지만 당신은 그 사람에게 990억 원 이상의 정보를 주게 됩니다.

나는 고액고객을 확보하는 천재적인 방법을 알고 있습니다. 고액고객은 일대일로 상담하고 코치해야 합니다. 나는 하루 몇 시간 만에 집중적으로 코치합니다. 1시간 만에 1인창업 원리를 전수해 줍니다. 그러면 고액고객은 나에게 이렇게 말합니다.

"장열정 회장님, 1인창업은 정말 쉽고 재미있는 것 같습니다. 책쓰기도 장열정 회장님처럼 금방 할 수 있을 것 같아요. 강연은 더 쉽고 재미있네요. 벌써 억만장자가 된 것 같아요. 정말 감사드립니다."

고액고객은 일대일로 만나서 상담과 코칭을 하면 한사람도 빠짐없이 만족해합니다. 고액고객은 일대일로 만나십시오.

다섯째, 럭셔리 제품을 팔아 억대수입을 올리십시오.

럭셔리 사업을 해야 합니다. 싼 제품을 천개 만드는 것이 아니라 럭셔리 제품을 몇 개 만들어 팔므로 고액수입을 올려야 합니다. 럭셔리 제품에 대한 자원은 이미 당신 안에 있습니다. 꺼내어 제품으로 만들어 팔기만 하면 됩니다.

예를 들어, 작가와 출판사들 대부분이 한 권에 1만 원짜리 책을 찍어 많이 팔아 베스트셀러를 만들려고 합니다. 하지만 그렇게 해서는 억대수입을 올릴 수 없습니다. 베스트셀러를 만들어도 엄청난 광고비와 물류비 등을 빼면 적자인 경우가 많습니다.

그런 베스트셀러가 아닌 한 권에 10만 원, 100만 원하는 럭셔리셀러를 만들어 팔아야 합니다. 1인창업도 책쓰기도 강연도 모두 동일합니다. 럭셔리 제품을 만드는 자세한 방법은 내가 쓴 〈장열정의 1인창업비결〉이란 책에 담겨 있습니다. 꼭 구입해서 읽어보십시오.

천재작가 장열정의 이야기와 깨달음 - 제 2 장

끝에서부터 시작하면 억만장자가 된다

당신은 억만장자가 되는 비결이 알고 싶습니까?

나는 억만장자가 되는 비결을 알아냈습니다. 그 비결은 끝에서부터 시작하는 것입니다. 나는 끝에서부터 시작했습니다. 끝에서부터 시작한다는 것은 이미 억만장자가 되었다는 마인드에서 시작하는 것을 말합니다. 끝에서부터 시작했더니 엄청난 일들이 내게 일어났습니다.

나는 이 책에서 "1인창업하여 억만장자가 되라"고 계속해서 외칠 것입니다. 1인창업은 시작이고 억만장자는 끝입니다. 1인창업으로 시작하지만 마인드는 끝에서부터 시작해야 합니다. 억만장자처럼 일하고 생각하고 생활해야 합니다. 그들이 이미 닦아 놓은 길에서부터 시작해야 합니다. 그러면 그들을 뛰어넘는 억만장자가 됩니다.

자신의 회사를 창업하여 억만장자가 된 사람들은 이미 마인드부터 달랐습니다. 일단 하는 일부터 달랐습니다. 직장인은 아무도 없었습니다. 모두 직장을 그만두고 자신의 회사를 창업하여 엄청난 가치를 지닌 사업을 했습니다. 나도 그들처럼 했습니다. '장열정의 1인창업연구소'를 설립하고 엄청난 가치가 있는 내 경험과 노하우로 1인창업코칭을 했습니다. 그리고 이 책을 통해 많은 사람들에게 내 엄청난 가치를 알리고 있습니다.

엄청난 가치가 있는 사업은 바로 교육사업, 지식사업, 정보화사업입니다. 나도 그들처럼 책부터 써내고 강연을 하고 나만의 노하우로 코치하는 탁월한 사업을 하고 있습니다.

나는 억만장자와 같이 아이디어를 얻습니다. 억만장자는 일을 많이 하지 않습니다. 오히려 억만장자는 휴식할 때 엄청난 깨달음을 얻습니다. 창조적인 일을 하는 사람에게는 자유가 필요합니다. 그래서 나는 매일 아침 카페에 앉아 책을 읽고 깨달음을 얻습니다. 그리고 그 깨달음으로 책을 쓰고 강연을 하고 사업을 합니다. 나는 하루에 1시간에서 3시간만 일합니다. 책상에 몇 시간 동안 앉아서 일하는 것보다 더 많은 일을 할 수 있습니다. 그것보다 더 많은 성과를 낼 수 있습니다. 이것이 억만장자가 일하는 방식입니다. 많은 사람들은 일을 더 많이 해야 억만장자가 될 수 있다고 생각합니다. 하지만 그렇지 않습니다. 깨달음을 얻고 천재적으로 일해야 합니다. 그러면 억만장자가 됩니다.

나는 억만장자와 같이 생활합니다. 내가 가고 싶은 곳에 자유롭게 갑니다. 내가 사고 싶은 것을 자유롭게 삽니다. 내가 하고 싶은 일만 하고 삽니다. 나는 이 모든 것을 가족과 함께 누립니다. 정말 행복합니다. 나는 억만장자와 같이 일하고 생각하고 생활하고 있습니다.

억만장자(億萬長者, billionaire)는 헤아리기 어려울 만큼 많은 재산을 가진 사람을 말합니다. 또한 억만장자 마인드는 푼돈 때문에 쩔쩔매지 않고 자신이 원하는 모든 것을 누리며 사는 것을 말합니다.

나는 이 책을 통해 당신이 억만장자의 삶을 살 수 있도록 도와줄 것입니다. 이 책을 읽으면 그것을 깨닫게 됩니다.

나는 억만장자의 삶이 궁금했습니다. 그래서 그들을 연구하기 시작했습니다. 하지만 그들 중에는 행복하게 사는 사람들은 많지 않았습니다. 단순히 돈만 많다고 해서 행복한 것이 아닙니다. 행복한 억만장자 마인드를 가지고 있지 않다면 항상 불안함 가운데 살 것입니다. 재산이 한순간에 없어질 수도 있다는 생각에 밤잠을 설치게 될 것입니다.

나는 이런 사람들을 많이 봤습니다. 돈이 많아서 떵떵거리고 살지만 그들의 삶에는 행복이 없었습니다. 매일 있는 척과 잘난 척을 하지만 혼자 방안에 갇혀 힘들어하고 있었습니다.

어느 날 갑자기 당신이 억만장자가 된다면 행복할 것 같습니까?

억만장자가 된다고 모두 행복한 것은 아닙니다. 오히려 돈 때문에 힘든 삶을 살 수 있습니다. 행복한 억만장자가 되려면 돈과 행복에 대한 마인드가 제대로 잡혀 있어야 합니다.

그렇다면 행복한 억만장자는 어떤 삶을 살고 있을까요?

마이크로소프트 창업자 빌게이츠(Bill gates, 1955~)는 억만장자의 삶을 살고 있습니다. 빌게이츠는 세 자녀에게 1천만 달러씩 주고 나머지는 기부하겠다고 말했습니다. 그는 아내와 함께 재단을 설립하여 세계 최대의 기부자로 활동하고 있습니다. 얼마나 행복하겠습니까?

나도 억만장자 마인드로 살고 있습니다. 나는 큰 꿈을 품었습니다. 그리고 내 꿈이 이미 이루어졌다고 믿습니다. 조금의 의심도 없이 믿습니다. 의심 없이 믿으니 정말 그렇게 되었습니다. 정말 신기하지 않습니까? 그래서 마인드가 중요한 것입니다.

나는 꿈을 향해 전속력으로 달리고 있습니다. 전속력으로 달린다고 해서 노예처럼 하루 10시간 이상 일하는 것이 아닙니다. 하루에 1시간에서 3시간만 일합니다. 일을 많이 하는 것이 중요한 것이 아니라 적게 일해도 많은 성과를 내는 것이 중요한 것입니다. 적게 일하고 많은 성과를 내기 위해서는 깨달음을 얻고 천재적으로 일하는 방법을 알아야 합니다. 그 방법을 배워야만 합니다.
그럼 행복한 억만장자가 되려면 어떻게 해야 할까요?

첫째, 당신의 잃었던 꿈과 자유를 찾아라.
둘째, 직장 생활을 중단하고 1인창업하라.
셋째, 부요한 마음으로 지금부터 베풀며 살라.
넷째, 수재와 영재가 아닌 천재적인 삶을 살라.

전문가에게 배우면 당신도 단기간에 1인창업으로 억만장자가 될 수 있습니다. 지금 당장 배우십시오. '장열정의 1인창업연구소'에서 배우십시오. 010.6567.6334로 지금 당장 문자를 보내십시오.

당신 혼자 준비하면 1년도 안되어 포기할 것입니다. 나와 당신이 천재라고 부르는 사람들에게는 천재코치가 있었습니다. 코치가 있었기 때문에 가능한 일이었습니다. 혼자서 하면 금방 포기하게 됩니다. 포기하지 않는다고 해도 많은 시간이 걸릴 것입니다. 세월을 버십시오.

나는 나만의 탁월한 1인창업 원리를 정립했습니다. 나는 이 책이 나오기 전까지 책 판매를 하지 않았습니다. 책이 없어도 세미나와 강연을 통해 고액고객을 확보할 수 있었기 때문입니다. 나는 사업을 시작한 지 일주일 만에 고액수입을 올렸습니다. 놀랍지 않습니까? 1인창업 원리를 정립해서 실천했을 뿐인데 고액수입을 올렸습니다.

나는 '장열정의 1인창업연구소'를 설립하고 바로 코칭을 했습니다. 초기 고객들은 이미 성공했습니다. 현재 강연도 하고 라디오 방송도 합니다. 그리고 책도 판매하고 있습니다. 1인창업 원리만 알면 누구나 가능합니다. 당신도 가능합니다. 다른 고객들도 자신이 진정으로 하고 싶은 일로만 창업하고 있습니다. 당신도 당신이 하고 싶은 일로 1인창업을 할 수 있습니다. 당신도 충분히 가능합니다.

나는 단기간에 고액수입이 생겼습니다. 고객들도 단기간에 고액수입을 올리고 있습니다. 당신도 단기간에 고액수입을 올릴 수 있습니다. 더 이상 직장에서 노예처럼 일하지 말고 직장을 탈출하여 1인창업을 하십시오. 당신이 진정으로 하고 싶은 일을 하며 사십시오. 평생 은퇴 없는 당신만의 평생 직업을 가지십시오. 지금 당장 시작해야 합니다. 당신에게 길이 열려 있습니다. 그 방법을 나에게 배우십시오. 1인창업은 쉽습니다. 1인창업은 재미있습니다. 1인창업은 누구나 할 수 있습니다. 당신도 쉽고 재미있게 해낼 수 있습니다.

나는 너무나 행복합니다. 나는 내 행복을 가장 우선으로 여깁니다. 그래야 나로 인해 가족이 행복하기 때문입니다. 나는 부요하고 자유롭습니다. 가난한 마인드로는 행복하게 살 수 없습니다. 이미 물질에 갇혀 있기 때문입니다. 그래서 나는 행복한 억만장자 마인드로 삽니다.

이제 당신도 억만장자 마인드를 가져야 할 때입니다. 모든 가난은 당신의 대에서 끊어 버리십시오. 당신으로 인해 당신의 가족이 변화될 것입니다. 무엇보다 당신이 가장 행복할 것입니다.

나는 누구보다 행복합니다. 나는 행복한 억만장자 마인드를 가지고 있기 때문입니다. 나는 남들과 다르게 생각하고 일하고 생활합니다. 남들보다 행복하게 사는 방법을 알고 그대로 살고 있습니다.

나는 평생 행복한 억만장자의 삶을 살 것입니다. 돈만 많고 매일 불안함에 사는 억만장자가 아니라 매일 행복이 넘치는 억만장자, 가족과 행복을 누리는 억만장자가 될 것입니다.

1인창업은 시작이고 억만장자는 끝입니다. 끝에서부터 시작하십시오. 성공한 사람들이 닦아 놓은 길에서부터 시작하십시오. 나처럼 책을 써내고 강연을 하십시오. 그리고 천재적인 사업을 하십시오. 이것이 끝에서부터 시작하는 비결입니다. 지금 당장 억만장자 마인드로 1인창업을 하십시오. 그러면 당신도 1인창업으로 억만장자가 됩니다. 진정으로 부요하고 행복한 억만장자가 되어 당신과 당신의 가족, 그리고 당신의 도움을 필요로 사람들을 돕고 사십시오. 정말 행복하게.

천재작가 장열정의 이야기와 깨달음 - 제 3 장

1인창업하여 억만장자의 꿈을 이루라

당신의 꿈은 무엇입니까?

나는 세계적인 사업가, 강연가, 작가가 되는 것이 꿈이었습니다. 나는 그 꿈을 이루었습니다. 나는 사업가가 되었습니다. 나는 강연가가 되었습니다. 나는 이 책을 통해서 작가도 되었습니다.

나는 사실 직장 생활에 대한 로망(roman, 어떤 활동에 대한 설렘)이 있었습니다. 어릴 적 꿈은 사업가가 되는 것이었습니다. 하지만 어린 시절 사업가들이 사업 실패로 노숙하는 모습을 뉴스에서 보고 큰 충격에 빠져 사업가의 꿈을 접었습니다.

나는 대학 졸업 후 회사에 다니고 싶은 마음이 없었지만 직장 생활에 대한 로망은 있었습니다. 단순한 로망이 결국 현실이 되어 직장 생활을 하게 되었습니다. 하지만 내가 느끼는 직장 생활은 학교생활과 크게 다르지 않았습니다.

나는 직장을 세 번씩이나 옮긴 경험이 있습니다. 내 꿈은 직장인이 아니었기 때문에 어디에도 정착할 수 없었습니다. 단순한 로망으로 시작한 직장 생활은 나를 무기력하게 만들었습니다.

나는 직장을 그만두고 자동차 용품 전문점도 운영해 보았습니다. 하지만 자영업과 사업은 많은 차이가 있었습니다. 나는 정말 열심히 했지만 운영한 지 1년 만에 가게 문을 닫게 되었습니다.

가게 문을 닫고 많은 창업 정보를 찾아보았습니다. 그 방법대로 창업도 해보았습니다. 결국 모두 실패했습니다. 그러던 어느 날 내 마음에 빛이 가득 들어왔습니다. 1인창업에 대한 희망의 빛이었습니다.

사실 나는 1인창업 원리를 알아내기 위해 정말 많은 노력을 했습니다. 밤낮 고민한 결과 나만의 탁월한 1인창업 원리를 정립했습니다. 1인창업으로 성공한 사람들은 세계적인 사업가, 강연가, 작가가 되어 있었습니다. 그들은 자신의 꿈을 이뤘습니다. 자신이 하고 싶은 일로 1인창업을 했습니다. 또한 그들은 자신만의 특별한 경험과 천재적인 노하우를 전하고 있었습니다.

무슨 말이 더 필요하겠습니까? 그래서 나는 '장열정의 1인창업연구소'를 설립했고 내가 깨달은 천재적인 창업 원리로 코치하고 있습니다. 나 장열정이 말하는 1인창업 원리대로 창업하면 억만장자가 됩니다. '장열정의 1인창업연구소'에는 대학생, 직장인, 교수, 은퇴를 앞둔 50대 직장인과 사업가와 같은 사람들이 옵니다. 모두 1인창업 원리를 배우기 위해 나를 찾아오는 것입니다.

나는 단기간에 '장열정의 1인창업연구소'를 설립했습니다. 내가 코치하는 고객들도 단기간에 1인창업을 성공적으로 했습니다. 1인창업은 재미있습니다. 1인창업은 쉽습니다. 그동안 몰랐기 때문에 못했던 것입니다. 당신도 그렇지 않습니까?

미국의 유명한 소설가 존 업다이크(John Updike, 1932~2009)는 "꿈은 이루어진다. 이루어질 가능성이 없었다면 애초에 꿈꾸게 하지도 않았을 것이다."라고 말했습니다. 당신의 꿈은 이루어집니다.

당신도 시작하면 됩니다. 당신은 직장인입니까? 그럼 주저하지 말고 바로 시작하십시오. 당신의 꿈이 직장인이었습니까? 그렇지 않다면 바로 시작하십시오. 직장에서 남의 꿈을 위해 일하지 말고 당신의 꿈을 위해 1인창업하십시오.

당신은 대학생입니까? 주부입니까? 프리랜서입니까? 사업가입니까? 은퇴를 앞두고 있습니까? 그렇다면 지금 당장 시작하십시오. 머뭇거리지 마십시오. 지금 당장 당신의 꿈을 향해 전속력으로 달리십시오. 1인창업 원리를 나에게 배우십시오.

나는 누구보다 가장 행복합니다. 나는 꿈을 이뤘습니다. 나는 내가 하고 싶은 일만 하고 삽니다. 나는 나에게 찾아오는 사람들이 성공할 때까지 진심으로 돕습니다. 최선을 다해 돕습니다. 그래서 행복합니다. 나는 당신 또한 도울 수 있어서 행복합니다.

나는 평생 많은 사람들이 꿈을 이룰 수 있도록 도와주며 살 것입니다. 당신도 나처럼 꿈을 이루면 지금보다 행복한 삶을 살 수 있습니다. 나는 지금보다 100배, 1000배로 행복한 삶을 살 것입니다. 이미 그렇게 되었습니다.

나는 행복에 대한 갈망과 꿈을 향한 뜨거운 열정이 있습니다. 당신도 나처럼 행복에 대한 갈망이 있어야 합니다. 꿈을 향한 열정이 있어야 합니다. 그 갈망과 열정으로 지금 당장 1인창업을 시작하십시오. 당신만의 특별한 경험과 탁월한 노하우로 1인창업을 시작하십시오. 당신의 행복을 창업하십시오. 그리고 평생 부요하고 행복하게 사십시오. 1인창업으로 억만장자가 되십시오.

천재작가 장열정의 이야기와 깨달음 - 제 4 장

1인창업하여 당신의 특별한 깨달음을 전수하라

당신은 아주 특별한 경험이 있습니까?

나는 아주 특별한 경험이 있습니다. 나는 내 특별한 경험으로 1인창업을 했습니다. 나는 나만의 경험을 사람들에게 전합니다. 내 경험이 많은 사람들에게 도움이 됩니다. 1인창업을 하기 전에는 나에게 특별한 경험이 있다는 사실도 알지 못했습니다.

나는 직장에 다니면서 창업에 대한 고민을 많이 했습니다. 평생직장에 다닐 수 없기 때문에 언젠가는 창업하려고 했습니다. 그래서 새로운 창업아이템이 나올 때마다 관심을 가졌습니다. 하지만 그 어떤 것도 마음에 들지 않았습니다. 내 아이템이 아니라고 생각했기 때문입니다. 나는 나만의 독보적인 아이템을 가지고 싶었습니다. 그 어느 누구도 하지 못한 나만의 새로운 것을 가지고 싶었습니다.

하지만 이미 내 안에 창업아이템이 있었습니다. 정말 놀라웠습니다. 그동안 나는 이러한 사실을 깨닫지 못하고 아이템을 찾으러 다니기 바빴습니다. 많은 사람들이 희망찬 마음으로 창업을 시작합니다. 하지만 얼마 지나지 않아 문을 닫습니다. 그리고 다른 아이템으로 또 창업합니다. 참으로 안타까운 일입니다.

나는 그렇게 하고 싶지 않았습니다. 나만의 독보적인 아이템으로 억만장자가 되고 싶었습니다. 그런 최고의 아이템이 필요했습니다. 결국 내 안에서 아주 특별한 아이템을 찾았습니다. 내 경험으로 창업하는 것이 최고의 길이었습니다. 나만의 독보적인 것이었습니다.

사실 직장 생활하면서 나에게 많은 제안이 들어왔었습니다. 나는 온라인 마케팅 전문가였습니다. 그래서 주위 사업자에게 많은 제안을 받았습니다. 회사 지분을 줄 테니 동업하자는 제안도 있었습니다. 나는 모두 거절했습니다. 내가 진정으로 원했던 것이 아니었습니다. 나는 나만의 특별한 아이템으로 창업하는 것이 꿈이었습니다.

당신에게도 아주 특별한 경험이 있지 않습니까?

나는 당신에게 아주 특별한 경험이 있다고 생각합니다. 나에게도 있으니 말입니다. 나와 당신에게는 특별한 경험이 있습니다. 당신이 겪은 경험이 다른 누군가에게 엄청난 힘이 된다는 사실을 알고 있습니까? 당신의 경험은 어느 누군가에게 삶의 희망이 됩니다.

나와 당신의 경험은 아주 중요하고 특별합니다. 당신이 아무렇지 않게 지나간 일들이 누군가에게는 필요한 것이 됩니다. 누군가 당신의 경험과 깨달음을 기다리고 있습니다. 당신과 같은 사람을 찾지 못해서 방황하고 있는 것입니다. 당신도 그렇지 않습니까?

특별한 경험이라고 해서 어려운 것이 아닙니다. 내 고객들에게도 특별한 경험이 있었습니다. 누군가는 진로 상담사의 길을 가고 누군가는 마케팅을 공부해서 마케팅 회사를 설립하여 꿈을 이루고 있습니다.

최근 정리 정돈을 해주는 회사도 생겼습니다. 당연히 주부가 창업한 것입니다. 주부에게 정리 정돈은 일상입니다. 자신의 일상 경험으로 창업을 한 것입니다.

이것이 바로 아주 특별한 경험입니다. 자신의 생활이 특별한 경험이 된 것입니다. 정리 정돈 잘하는 노하우를 터득하여 창업을 한 것입니다. 누군가에게는 평범한 일상이지만 누군가에게는 스트레스 받는 일입니다. 이를 해결하기 위한 창업은 성공적이었습니다.

나도 내 경험을 모두 꺼내고 있습니다. 나는 얼마 전에 코칭을 하면서 큰 충격을 받았습니다. 나에게는 아무렇지 않게 지나간 평범한 일이었지만 고객은 그 일로 어려움을 겪었었다고 합니다. 나는 내 경험을 이야기해 주었습니다.

나는 내가 많은 도움을 주지 못한 것 같아 안타까웠습니다. 하지만 고객에게는 엄청난 희망이 생겼다고 합니다. 내 경험을 이야기해 줬을 뿐인데 말입니다. 나만의 특별한 경험은 이렇게 큰 힘을 발휘합니다. 당신을 기다리는 사람도 마찬가지입니다. 당신의 경험을 너무나 듣고 싶어 합니다. 실제로 있었던 일입니다.

어느 날 전화가 왔습니다.

"안녕하세요? 장열정 회장님!"

"네, 안녕하세요?"

"저희는 창업 프로그램을 방송할 예정입니다. 그래서 장열정 회장님의 '장열정의 1인창업연구소'를 촬영하고 싶습니다."

"어떤 이야기를 하면 되는 거죠?"

"장열정의 1인창업연구소에서 하고 계시는 것들을 촬영하면 됩니다. 특별한 것은 없습니다. 장열정 회장님께서 코치하고 계시는 것들이 특별하다고 생각하여 있는 그대로 촬영하려고 합니다."

여기에서 나는 몇 가지 놀라운 깨달음을 얻었습니다.

첫째, 나에게는 아주 특별한 경험이 있다.

둘째, 내 깨달음을 간절하게 기다리는 사람이 있다.

나는 나 자신이 아주 특별하다는 사실을 알았습니다. 당신도 나처럼 정말 특별합니다. 당신은 결코 평범하지 않습니다.

당신이 특별함을 발휘할 수 있는 방법이 있습니다. 나처럼 당신만의 탁월한 재능으로 창업하여 억대수입을 올리고 그러한 이야기로 책을 써내고 강연을 하면 됩니다. 고객들은 내 코치를 받고 모두 자신의 특별함을 발견하고 1인창업을 했습니다. 그들을 볼 때 내 마음이 무척 행복합니다.

당신도 나처럼 다른 사람에게 도움을 주십시오. 당신만의 경험과 깨달음을 전수하십시오. 그러면 억대수입을 올리게 될 것입니다.

천재작가 장열정의 이야기와 깨달음 - 제 5 장
1인창업하여 모든 일과 수입을 자동화하라

　당신은 창업하기 위해서 매장이 꼭 있어야 된다고 생각합니까?
　나는 온라인 카페를 매장으로 선택했습니다. 온라인 카페는 무료입니다. 당신도 무료로 이용할 수 있습니다. 누구에게나 자격이 주어집니다. 모두가 사용할 수 있지만 어떻게 사용하느냐에 따라 온라인 카페의 가치가 달라집니다.
　나는 카페와 블로그 모두 운영해 보았습니다. 블로그는 단기간에 효과가 좋습니다. 단기간에 광고해서 수입을 내기에는 좋은 마케팅 도구입니다. 하지만 다른 일과 병행하면서 장기적으로 블로그를 운영한다는 것은 한계가 있습니다. 많은 노동이 필요하기 때문입니다.
　당신도 블로그 운영 때문에 힘든 적이 있습니까?
　나는 이제 블로그 때문에 힘들지 않습니다. 블로그를 힘들게 운영하지 않고 아주 간단하게 하기 때문입니다. 나는 온라인 카페를 통해 블로그를 운영할 때보다 더 많은 수입을 얻고 있습니다.
　나는 1인기업에서 일했습니다. 1인기업가는 온라인 카페로 이미 많은 수입을 얻고 있었지만 블로그에도 상당한 욕심이 있었습니다. 하지만 나는 블로그 운영을 힘들게 하지 않았습니다. 이미 온라인 카페로 잘되고 있어 블로그가 그렇게 중요하지 않았기 때문입니다. 온라인 카페가 잘 운영되고 있다면 블로그는 쉽게 운영하면 됩니다. 블로그에 몇 개의 글을 작성하여 온라인 카페와 연결시켜 놓는 것입니다.

나는 많은 일을 하지 않습니다. 1인창업을 한다고 해서 많은 일을 해야 할 필요가 없습니다. 일을 조금만 해도 억대수입을 올리는 방법을 알았기 때문입니다.

그것은 바로 온라인 카페에서 회원 관리를 하는 것입니다. 블로그에 많은 방문자들이 들어와도 회원 관리를 효율적으로 할 수 없습니다. 온라인 카페는 회원 관리를 효율적으로 할 수 있습니다. 회원 관리에도 방법이 있습니다. 고액고객을 관리하는 탁월한 방법을 배워야 합니다. 이것이 1인창업으로 억만장자가 되는 비결입니다. 이 방법은 〈장열정의 1인창업비결〉이라는 책에 자세히 나와 있습니다.

이것이 블로그와 온라인 카페의 차이입니다. 블로그는 혼자만의 이야기를 전합니다. 온라인 카페는 혼자만의 이야기가 아닙니다. 회원들과 함께 이야기를 나누는 소통의 장이 펼쳐집니다.

1인창업은 많은 일을 하는 것이 아닙니다. 모든 일과 수입을 자동화하는 것이 1인창업의 핵심입니다. 1인창업 원리를 배워서 모든 일과 수입을 자동화하십시오. 혼자서 밤새 일하는 것을 멈추십시오.

알버트 아인슈타인(Albert Einstein, 1879~)은 "정말 위대하고 감동적인 모든 것은 자유롭게 일하는 이들이 창조한다."라고 말했습니다. 자유롭게 일하는 사람이 창조적으로 일하게 됩니다.

모든 일과 수입을 자동화해 놓고 자유로운 생활을 하십시오. 산책도 즐기고 여행도 가고 가족들과 행복한 시간을 보내십시오. 1인창업을 하고 당신이 만든 직장에서 혼자만의 직장 생활을 하지 마십시오. 직장 생활하던 것보다 일을 더 열심히 한다면 1인창업을 하는 의미가 없어집니다.

1인창업은 자유롭고 행복한 삶을 살기 위해서 선택해야 합니다. 나는 진정으로 자유롭고 행복한 삶을 살고 있습니다. 당신도 나처럼 1인창업을 하십시오. 이제 그만 현대판 노예 생활을 청산하십시오.

당신만의 경험과 깨달음으로 1인창업하십시오. 이제부터 당신만의 행복한 삶을 창업하십시오. 이제 고민 그만하십시오. 지금까지 달라진 것은 없었습니다. 그렇지 않습니까?

이제 1인창업 원리를 배워서 천재적인 방법으로 1인창업하십시오.

온라인 카페로 1인창업을 시작하십시오. 책과 강연을 통해 고액고객을 확보하고 관리하십시오. 그리고 모든 일과 수입을 자동화해 놓고 자유롭게 사십시오. 이것이 내가 말하는 1인창업의 원리입니다.

천재작가 장열정의 이야기와 깨달음 - 제 6 장

1인창업하고 싶다면 책부터 써내라

당신은 창업을 어떻게 시작하고 싶습니까?

나는 온라인 카페 하나만 가지고 '장열정의 1인창업연구소'를 설립했습니다. 처음에는 매장과 사무실, 직원이 없어도 됩니다.

나는 창업을 하고 고민에 빠졌습니다. '사무실을 계약해야 하나?' '직원이 아니면 아르바이트생이라도 채용해야 하나?' 이렇게 생각했지만 결국 아무것도 하지 않고 1인창업을 시작했습니다. 사실 사무실을 알아보기 위해 많이 돌아다니기도 했습니다.

사무실을 알아보면서 문득 이런 생각이 들었습니다. '굳이 사무실이 필요한가?' '사람들에게 믿음을 주기 위해서 사무실을 구해야 하나?' '사무실을 구해도 출근하지 않을 것 같은데…'라는 생각이 들었습니다.

요즘 소호 사무실이 많습니다. 소호 사무실은 보증금 없이 한달 사용료만 내면 쉽게 사무실을 구할 수 있습니다. 회의실도 있고 마실 차도 모두 준비되어 있습니다. 나만의 방도 있습니다.

하지만 나는 과감히 사무실 얻는 것을 포기하고 좋은 노트북을 샀습니다. 그동안 사고 싶었던 노트북인데 창업에 필요할 것 같았습니다. 노트북 하나만 있다면 어디든 내 사무실이 된다고 생각했습니다.

실제로 그랬습니다. 나는 카페에 돌아다니면서 자유롭게 일했습니다. 나는 놀러 갈 때에도 노트북을 들고 다녔습니다. 핸드폰과 연결해서 인터넷에 접속했고 언제든지 노트북을 켜 놓고 일했습니다.

나는 정말 자유로웠습니다. 노트북 하나로 창업했으니 말입니다. 실제로 많은 사람들이 이렇게 창업을 준비하고 진행하고 있습니다. 하지만 안타까운 것은 온라인 카페 운영 방법을 제대로 알지 못한다는 것입니다. 제대로 된 카페 마케팅 방법도 모릅니다.

대부분 블로그에 집중합니다. 나는 블로그 교육도 많이 받았습니다. 하루 방문자 7000명이상 방문하는 블로그를 운영해 보았습니다. 그런데 블로그로는 많은 돈을 벌지 못했습니다.

1인창업으로 억대수입을 올리려면 블로그보다 온라인 카페를 운영해야 합니다. 온라인 카페는 블로그처럼 매일 고생하지 않아도 됩니다. 온라인 카페는 초기에만 손이 많이 가고 어느 정도 세팅을 해 놓으면 손이 많이 가지 않습니다.

나는 이런 1인창업 원리로 처음에는 매장도 직원도 없이 바로 고액 수입을 올렸습니다. 특강을 위해 세미나실을 하루 2시간만 대여해서 사용했습니다. 세미나실 대여 시스템도 잘 되어 있습니다. 장소 안내 전화까지 모두 대신 맡아서 해줍니다.

이런 시스템을 아는 사람들은 많지 않습니다. 대부분 블로그로만 가게를 운영합니다. 그리고 사무실도 얻고 직원도 채용합니다. 이렇게 창업하여 회사를 오랫동안 유지한다면 잘하는 것입니다.

그러나 나는 이런 방법으로 창업하여 회사를 오랫동안 유지하는 경우를 많이 보지 못했습니다. 실제로 내가 그랬습니다. 나는 직원을 채용하여 매장을 운영했습니다. 마케팅은 블로그가 전부였습니다. 온라인 카페도 운영했지만 그때 당시에는 온라인 카페의 매력을 느끼지 못했습니다. 운영 방법도 잘 알지 못했습니다.

블로그는 운영하기가 참 힘듭니다. 매일 매일 좋은 글을 써야 하고 사진도 예쁘게 찍어야 합니다. 이렇게 애지중지 키운 블로그는 한순간에 무너질 가능성이 있습니다. 내가 그랬습니다. 방문자 7000명 블로그는 6개월 만에 무너져 버렸습니다.

블로그 교육을 받고 한 달 만에 하루 방문자 1000명 블로그를 만들었지만 오랫동안 유지하기 힘들었습니다. 물론 유지할 수도 있습니다. 하지만 효율적이지 못합니다. 성장하고 발전해야 하는데 금방 무너지고 그럼 또 다시 키워야 합니다. 어느 정도 안정된 상태가 되었다고 생각하면 또 무너지기 십상입니다.

온라인 카페도 잘못된 운영을 하게 되면 블로그보다 더 힘들게 운영하게 됩니다. 내가 그랬습니다. 초기에는 블로그보다 더 힘들게 매일 노예처럼 온라인 카페만 붙잡고 있었습니다. 온라인 카페만 키우면 무엇이라도 될 것 같았습니다. 온라인 카페는 키우는 것이 아니라 고객과 소통하는 것입니다. 온라인 카페로 회원 관리를 하면 됩니다.

나는 이러한 1인창업 원리를 연구하고 분석하여 정립했습니다. 그래서 과감히 직장에 사표를 던지고 1인창업하여 단기간에 수입을 올릴 수 있었습니다. 하지만 이것보다 더 강력한 것이 있습니다. 바로 책을 써내는 것입니다. 책을 써내면 온라인 카페의 효과는 더욱 커집니다.

1인창업을 하려면 무조건 책부터 써내야 합니다. 책을 쓴 다음에는 온라인 카페 운영이 더욱 쉬워집니다. 고액수입도 바로 연결됩니다. 실제로 종이책을 출판하지 않고 온라인에서만 전자책을 판매하는 1인기업가도 있습니다. 전자책으로도 수입을 얻을 수 있습니다.

책은 이렇게 엄청난 효과가 있습니다. 1인창업으로 억대수입을 올리려면 책부터 써내야 합니다. 온라인에서만 판매하는 전자책으로 시작하지 말고 종이책으로 출간하십시오. 종이책의 힘은 전자책보다 수천 배가 강합니다. 책 쓰는 방법을 제대로 배우십시오. 어떻게든 책을 써내어 출간하십시오.

나는 이 책을 2주 만에 썼습니다. 천재적인 방법으로 책을 썼습니다. 책을 쓰면 고액고객을 만나게 됩니다. 억만장자가 되는 비결은 고액고객을 만나는 것입니다.

당신도 1인창업을 하고 싶다면 책부터 써내십시오. 책을 써낸 다음에는 사업도 빠르게 진행할 수 있고 고액수입도 얻을 수 있습니다. 나는 책이 없을 때에도 빠르게 수입을 얻었습니다. 하지만 수입에 한계가 있었습니다. 일하는 것에도 한계가 있었습니다.

그 한계를 뛰어넘고 싶다면 책부터 써내십시오. 짜깁기(기존의 글을 모아 편집하여 책을 완성하는 방법)하는 책 쓰기 방법은 배우지 마십시오. 자신이 써 놓고도 만족하지 못합니다. 책을 쓰고도 가족에게 인정받지 못합니다.

미국 문학의 링컨이라고 불리는 마크 트웨인(Mark Twain, 1835~)은 이렇게 말했습니다. "좋은 책을 읽지 않는 사람은 책을 읽을 수 없는 사람보다 나을 바 없다."

남의 이야기를 짜깁기한 책은 읽지 않는 것이 더 낫습니다. 남의 이야기를 짜깁기한 책은 쓰지 않는 것이 낫습니다. 깨달음을 얻을 수 있는 책을 읽고 쓰십시오.

당신의 이야기를 전달하는 책을 써내십시오. 당신의 깨달음을 전달하는 책을 써내십시오. 천재적으로 단기간에 책을 쓰는 비결을 배우십시오. 책은 1인창업에서 필수입니다. 억대수입을 올려서 성공하고 싶다면 책을 써내십시오. '장열정의 1인창업연구소' 책쓰기학교에 등록하여 책 쓰는 방법을 나에게 배우십시오. 010.6567.6334로 지금 당장 문자를 보내십시오.

혼자 책을 써내기 어렵다면 함께 책을 써내면 됩니다. 1인창업을 하려면 다른 어떤 것보다 책을 먼저 써내십시오. 당신의 삶이 완전히 달라질 것입니다. 꿈이 현실이 되는 것을 보게 될 것입니다.

천재작가 장열정의 *이야기와 깨달음* - 제 7 장
1인창업하여 억대수입 강연가가 되라

당신은 강연을 해봤습니까?

나는 강연을 매주 한번씩 '장열정의 1인창업연구소'에서 했었습니다. 사람들을 초대하여 강연하는 것을 좋아했습니다. 강연은 내 이야기와 깨달음을 전달하는 즐거운 일입니다. 쉽고 재미있는 일입니다.

나는 어릴 적 사람들 앞에서 발표하는 것을 좋아했습니다. 그래서 초등학교 전교 어린이 회장이 되었습니다. 지금 생각해보면 참 귀여운 추억입니다. 나에게는 참 고마운 추억입니다.

나는 매주 전교생 앞에서 마이크를 잡았습니다. 매주 월요일마다 전교생 아침 조회가 있었기 때문입니다. 교장 선생님의 훈화 말씀을 듣기 위한 자리였습니다. 나는 아침 조회를 진행하기 위해 진행표를 만들었습니다. 매주 진행표를 들고 아침 조회 진행을 했습니다. 처음에는 어색했습니다. 정말 떨렸습니다.

처음에는 어색했지만 시간이 지나고 편해졌습니다. 몇 개월 후에는 능숙해져서 다음 전교 어린이 회장에게 아침 조회 진행 방법을 가르쳐 주기도 했습니다.

나는 어릴 때부터 남들 앞에서 이야기하는 것이 편했습니다. 하지만 사춘기가 지난 다음에는 남들 앞에서 이야기하는 것이 두려워졌습니다. 너무 긴장되어 내가 하고 싶은 이야기를 다 못한 적이 많습니다.

내가 사춘기가 지나고 몇 년 후에 대학에서 발표할 기회가 생겼습니다. 바로 졸업 작품 발표입니다. 나는 졸업 작품 발표자였습니다. 교수님은 2학기 강의 내내 발표 연습을 시켰습니다. 하지만 나는 따로 발표 연습을 하지 않았습니다. 그래서 교수님은 걱정하셨습니다. 발표 자료는 가장 우수하게 만들었지만 발표 실력이 부족하다고 생각하셨기 때문입니다. 나는 발표 전날까지 아무런 연습도 하지 않았습니다. 발표 자료만으로도 좋은 성적을 거둘 수 있을 것 같았기 때문입니다.

드디어 졸업 작품 발표 날이 되었습니다. 나는 '그동안 발표했던 것처럼 하지 말고 편안하게 내가 하고 싶은 말을 해보자'라는 마음으로 발표를 기다렸습니다. 그러니 떨리지 않고 마음이 편해졌습니다. 마음가짐이 달랐기 때문입니다.

내 발표순서가 되었습니다. 나는 긴장하지 않고 편안한 분위기로 발표했습니다. 사람들의 반응도 매우 좋았습니다. 발표 시간 내내 웃음이 끊이질 않았습니다. 지금 돌이켜보면 그 강연은 정말 대학생다운 실력이었지만 정말 값진 경험이었습니다. 이처럼 나에게는 강연에 대한 좋은 추억들이 많습니다.

나는 '장열정의 1인창업연구소'에서 특강할 때에도 이런 경험이 도움은 되었지만 크게 도움이 되지는 않았습니다. 강연은 강연마다 달랐고 내용도 앉아 있는 군중도 달랐습니다. 그리고 무엇보다 내가 달라졌습니다. 아침 조회를 진행하는 전교 어린이 회장이 아니었습니다. 졸업 작품 발표하던 대학생도 아니었습니다.

나는 '장열정의 1인창업연구소' 첫 번째 특강도 단순히 내 경험에 의지해서 강연을 준비했었습니다. 예전 경험을 살려 발표 자료를 멋지게 준비했습니다.

나는 발표 자료만을 의지해서 강연을 했습니다. 예전처럼 그렇게 발표를 했던 것입니다. 첫 번째 특강은 성공적이라고 생각했습니다. 고액고객도 생겼으니 말입니다. 하지만 그 강연은 빵점짜리였습니다. 나는 이제 빵점짜리 강연을 하지 않습니다.

빵점짜리 강연이라고 말한 이유는 간단합니다. 내 이야기보다 남의 이야기를 많이 했습니다. '누구는 그랬다더라.'라는 말을 주로 했습니다. 정말 형편없는 이야기였습니다.

그래서 나는 최고의 강연을 하기 위하여 천재적인 의사 전달 원리를 배웠습니다. 강연 코치를 받으니 강연은 더 쉽고 재미있는 일이 되었습니다. 내가 하고 싶은 말을 정확하고 논리 있게 할 수 있게 되었습니다. 이 책도 천재적인 의사 전달 원리로 쓴 것입니다. 강연도 코치 받아야 합니다. 그리고 자신만의 경험과 깨달음을 전해야 합니다.

나는 강연을 통해 깨달은 것이 있습니다.

첫째, 남의 이야기보다 내 이야기를 하라.
둘째, 발표 자료보다 깨달음을 전하라.
셋째, 천재적인 의사 전달 방법을 배워라.
넷째, 입만 열면 강연이 나오게 하라

나는 천재적인 의사 전달 방법을 알게 된 후 입만 열면 강연이 나옵니다. 나는 아내와 이야기할 때도 강연하는 것처럼 말합니다. 전혀 어색하지 않습니다. 내가 말하고 싶은 것을 정확하게 이야기합니다.

강연은 일방적으로 이야기를 하는 것이 아닙니다. 대화를 하는 것입니다. 강연은 대화입니다. 군중과의 대화입니다. 단순히 수다를 떠는 것이 아닙니다. 수다를 떨고 난 다음에는 남는 것은 없고 허무하기만 합니다. 그렇지 않습니까?

나는 수다도 강연처럼 하라고 합니다. 그러면 깨달음이 남게 됩니다. 강연은 깨달음을 전하는 것입니다. 이제 당신의 깨달음을 전하십시오. 당신의 경험과 깨달음을 전하는 강연을 하십시오.

강연은 어렵지 않습니다. 강연은 쉽습니다. 강연은 재미있습니다. 강연은 수다보다 즐겁습니다. 강연은 행복한 일입니다. 내 일상 대화는 강연입니다. 당신도 일상 대화를 통해 깨달음을 얻으십시오. 일상 대화를 통해 깨달음을 전하십시오. '장열정의 1인창업연구소' 강연학교에 등록하여 천재적인 의사 전달 방법을 배우십시오. 당신이 하고 싶은 말을 정확하게 전달하는 억대수입 강연가가 되십시오.

천재작가 장열정의 이야기와 깨달음 - 제 8 장
1인창업을 위해 천재적인 코치를 받으라

당신은 오랜 시간동안 코치 받고 싶습니까?

나는 오랜 시간동안 코치하지 않습니다. 나는 단기간에 코치를 끝냅니다. 나는 하루 몇 시간 만에 코치하는 방법을 알고 있습니다. 나는 이 책을 내기 전까지 12주 동안 교육을 진행했습니다. 하지만 이제는 하루 몇 시간 만에 코칭을 끝냅니다. 그리고 끝까지 책임집니다.

나는 질질 끄는 교육은 좋아하지 않습니다. 그래서 하루 몇 시간 만에 천재적인 원리를 알려주고 바로 실행하게 합니다. 고객들도 잘 따라옵니다. 혼자서도 천재적으로 잘하게 됩니다. 모르는 것이 있으면 그때마다 물어보면 됩니다.

나는 하루 몇 시간 만에 1인창업 원리를 전수합니다. 이렇게 천재적인 원리로 코치하면 고객들은 천재적으로 1인창업을 합니다.

내가 그랬습니다. 실제로 나는 책 쓰는 방법을 배우고 2주 만에 책을 썼습니다. 하루 종일 책을 쓴 것도 아닙니다. 하루 1시간에서 3시간 정도 책을 썼습니다. 천재적인 원리를 알고 나니 책 쓰는 것이 쉬웠습니다. 책 쓰는 것이 재미있었습니다.

나는 즐거운 마음으로 책을 썼습니다. 나는 2주 만에 책을 쓴 후 12주 교육과정을 모두 없앴습니다. 그리고 고객과 일대일로 만나 몇 시간 만에 코칭을 끝냈습니다. 고객은 나에게 이렇게 말했습니다.

"장열정 회장님, 일대일로 하루 만에 끝내니 정말 좋습니다."

"어떤 점이 제일 좋나요?"

"한마디로 속이 시원합니다. 이제 속도가 날 것 같습니다. 그동안 조금 답답한 점이 있었습니다. 혼자서 진행하고 싶어도 코치를 모두 받지 않아서 진행하지 못했습니다. 이제는 혼자서 빠르게 진행할 수 있어서 좋습니다. 일단 다 해보고 안 되면 물어볼 수 있는 것도 좋습니다. 장열정 회장님께 질문하고 싶은 것이 있었는데 코치를 다 받고 질문해야 할 것 같아서 못하고 있었습니다. 아무튼 정말 속이 시원합니다. 장열정 회장님이 이렇게 일대일로 해주시니 더욱 좋습니다."

나는 고객들에게 날개를 달아 주었습니다. 지금 그들은 날개를 펴고 자유롭게 날고 있습니다. 자신의 꿈을 향해 전속력으로 날아오르고 있습니다. 정말 멋지지 않습니까?

어떤 고객은 나에게 이렇게 말합니다.

"장열정 회장님, 정말 몇 시간 만에 전부 코치 받을 수 있습니까?"

"네, 그렇습니다. 코치를 받아 보면 알게 됩니다."

고객은 코칭 전에 의문을 가졌습니다. 하지만 코칭이 끝난 후에 나에게 이렇게 이야기합니다.

"방향이 명확해졌습니다. 방법도 정확히 알게 되었습니다. 정말 감사합니다."

"이제 제가 알려준 방법대로만 진행하십시오. 방법과 방향이 명확해졌으니 이제 실천하는 것만 남았습니다. 실천하지 않으면 아무 일도 일어나지 않습니다. 꿈이 이루어질 것이라는 소망보다 꿈이 이루어졌다는 믿음을 가지세요. 꿈이 현실로 되려면 움직여야 합니다. 단기간에 꿈을 이루세요. 지금부터 당장 움직이세요."

"네, 바로 시작하겠습니다. 열심히 하겠습니다. 감사합니다."

나는 코칭을 마치면서 이렇게 이야기합니다. 단기간에 꿈을 이뤄야 한다고 말입니다. 꿈을 이루는 기간이 길어지면 지칩니다. 꿈에 대한 의심이 생깁니다. 의심하면 꿈이 이루어지지 않습니다. 꿈에 대한 믿음이 있어야 합니다. 꿈에 대한 확신이 있어야 합니다.

아브라함 링컨(Abraham Lincoln, 1809~1865)은 성공에 대해 이렇게 이야기했습니다. "늘 명심하라. 성공하겠다는 당신 자신의 결심이 다른 어떤 것보다 중요하다는 것을." 그렇습니다. 당신의 결심이 가장 중요합니다. 당신의 꿈이 이루어진다고 의심하지 말고 믿으십시오.

나는 교육을 코칭으로 바꾸면서 깨달은 것이 있습니다.

첫째, 코칭은 몇 시간 만에 끝내야 한다.
둘째, 꿈도 단기간에 이루어야 한다.
셋째, 꿈에 대한 믿음과 확신을 가지면 꿈이 저절로 이루어진다.

나는 꿈을 단기간에 이뤘습니다. 내 고객도 마찬가지입니다. 단기간에 꿈을 이루고 있습니다. 단기간에 이루는 것이 중요합니다. 천재적인 방법을 코칭 받으면 단기간에 꿈을 이루게 됩니다.

나는 꿈에 대한 믿음과 확신이 있습니다. 그랬더니 꿈이 저절로 이루어졌습니다. 내가 그렇게 믿고 확신하고 움직였기 때문입니다. 내 고객들도 마찬가지입니다. 나는 그들에게 꿈에 대한 믿음과 확신에 대해서 이야기합니다. 의심하지 않고 믿으면 정말 그렇게 됩니다. 의심하는 순간 움직이지 않게 됩니다. 가만히 앉아서 생각만 하기 때문에 아무것도 이루어지지 않습니다. 혹시 당신도 그렇지 않습니까?

생각만으로는 꿈을 이룰 수 없습니다. 믿음과 확신을 가지고 움직여야 꿈을 이룰 수 있습니다. 모든 일이 마찬가지입니다.

당신도 꿈을 이루고 싶습니까?

그렇다면 꿈에 대한 믿음과 확신을 가지고 단기간에 꿈을 이루십시오. 단기간에 꿈을 이룰 수 있도록 지금 당장 움직이십시오. 단기간에 꿈을 이룰 수 있는 방법을 배우십시오.

천재작가 장열정의 이야기와 깨달음 - 제 9 장
1인창업하여 평생 자기계발 하라

당신은 자기계발에 아낌없이 투자합니까?

나는 자기계발에 아낌없이 투자합니다. 나는 가게를 운영할 때에도 자기계발에 아낌없이 투자했습니다. 나는 '장열정의 1인창업연구소'를 설립한 후에도 자기계발을 멈추지 않았습니다. 지금도 계속해서 하고 있습니다. 나는 자기계발을 멈추지 않을 것입니다.

나는 다양한 교육을 받았습니다. 자기계발을 위해 투자한 것입니다. 나는 학창시절 공부를 좋아하지 않았습니다. 학창시절에 공부하는 것을 즐기는 학생은 그다지 많지 않을 것입니다.

나는 내가 잘하는 것에 몰두했습니다. 나는 축구에 몰두했습니다. 다른 사람들에게 인정받을 수 있었기 때문입니다. 나는 칭찬받는 것을 좋아했습니다. 축구를 하면 칭찬받을 수 있었기 때문에 공부보다 축구를 좋아했습니다.

그런데 내가 공부를 좋아하게 된 계기가 있습니다. 바로 공익 근무요원으로 근무할 때입니다. 그때 독학하는 것이 재미있었습니다. 영어와 많은 프로그램을 독학했습니다. 실력도 나름 괜찮았습니다.

나는 그 이후에 자기계발을 좋아하게 되었습니다. 자기계발하면 내가 칭찬받을 수 있었습니다. 영어를 독학하고 영어 과외까지 했습니다. 드럼 연주를 독학하고 드럼 과외까지 했었습니다. 프로그램 독학 후 프로그램 교육을 했습니다. 하지만 독학에는 한계가 있었습니다. 그래서 전문가에게 기초부터 다시 배웠습니다. 전문가에게 기초부터 다시 배우니 실력도 일취월장했습니다.

나는 매장을 운영할 때 마케팅 교육도 많이 들었습니다. 마케팅 실력이 수입에 바로 영향을 주었기 때문입니다. 내 실력만으로는 부족하다고 생각하여 고액 과외까지 받았습니다.

내가 혼자 독학하는 것에는 한계가 있었습니다. 역시 전문가에게 배워야 합니다. 전문가에게 배우면 그 한계를 뛰어넘게 됩니다. 운동선수만 봐도 그렇습니다. 그들에게는 모두 코치가 있습니다.

지금은 은퇴한 세계적인 피겨 스케이트 김연아(金姸兒, 1990~)선수의 화려한 경력 뒤에는 코치가 있었습니다. 김연아 선수는 세계적인 선수가 되기 위해 세계적인 실력을 갖춘 코치에게 투자했습니다. 바로 자기계발한 것입니다. 세계적인 코치가 없었다면 그녀는 어떻게 되었을까요? 세계적인 선수가 될 수 있었을까요?

자기계발에 아낌없이 투자해야 합니다. 코치 실력만큼 가치를 지불해야 합니다. 고가입니다. 자기계발의 가치를 아는 사람은 돈보다 그 가치를 생각합니다.

자기계발에 아낌없이 투자하면 몇 배로 거두게 됩니다. 투자한 모든 것이 자신의 실력이 됩니다. 모두 자신의 것이 되는 것입니다. 김연아 선수는 이제 코치로 활동할 수 있습니다. 자기계발에 아낌없이 투자해서 세계적인 실력을 갖추었기 때문입니다.

세계적인 코치가 있었기에 가능한 일이었습니다. 김연아 선수가 코치로 활동한다고 해서 그녀의 코치가 "내가 알려준 것이니 아무에게도 알려주지 마세요."라고 할까요? 그렇지 않습니다. 오히려 응원해 주고 조언까지 해줍니다.

당신은 당신을 위해 어떤 것에 투자했습니까?

나는 자동차를 사고 집을 사는 것이 나를 위한 투자인 줄 알았습니다. 하지만 아니었습니다. 자동차는 팔면 없어집니다. 집도 팔면 없어집니다. 자기계발은 그렇지 않습니다. 내가 한번 배워 놓으면 평생 내 실력이 됩니다.

나도 누군가를 코치해 줄 수 있는 것입니다. 어떤 물건에 투자하는 것보다 자기계발에 먼저 투자하십시오. 자기계발에 투자하면 집은 자연스럽게 사게 됩니다. 자동차도 자연스럽게 사게 됩니다.

나는 자기계발을 통해 깨달음을 얻었습니다.

첫째, 자기계발에 아낌없이 투자하라.
둘째, 자기계발에 투자해서 코치가 되라.
셋째, 자기계발을 절대 멈추지 말고 평생 하라.
넷째, 자기계발에서 가장 중요한 것은 행복에 투자하는 것이다.

나는 어떤 기술을 배우는 것에 투자하는 것보다 내 행복을 위해 투자하는 것을 좋아합니다. 나는 이것이 가장 우선순위라고 생각합니다. 아무리 좋은 기술이 있어도 행복하지 않으면 행복하게 사용하지 못합니다. 그것은 행복한 기술이 될 수 없습니다.

나는 내가 가장 행복하게 살 수 있는 것에 투자합니다. 자기계발은 단순히 기술에서 끝나는 것이 아닙니다. 행복하기 위한 자기계발을 해야 합니다. 당신도 나처럼 행복한 자기계발을 하십시오.

나는 자기계발을 멈추지 않고 평생 할 것입니다. 나는 행복하기 위해 평생 자기계발에 아낌없이 투자할 것입니다. 하나도 아깝지 않습니다. 내 삶이 완전히 달라져서 내가 행복하기 때문입니다.

당신도 나처럼 자기계발을 멈추지 말고 평생 하십시오. 당신을 위해 모든 것을 투자하십시오. 당신의 행복을 위해 아낌없이 투자하십시오. 지금부터 당장 자기계발에 아낌없이 투자하여 당신도 코치가 되십시오.

천재작가 장열정의 이야기와 깨달음 - 제 10 장
1인창업을 하면 얻게 되는 최고의 축복들

당신은 어떤 축복을 받고 싶습니까?

나는 1인창업하여 많은 축복을 받았습니다. 말로는 설명할 수 없는 최고의 축복을 받았습니다. 나는 1인창업으로 꿈을 이뤘습니다. 가족과 진정한 행복을 찾았습니다. 그리고 효도했습니다. 그리고 자녀에게 물려줄 최고의 유산도 많아졌습니다.

나는 누구보다 자유롭습니다. 나는 부요합니다. 건강합니다. 평안합니다. 지혜롭습니다. 나는 이 모든 축복을 받았습니다. 바로 1인창업을 통해서 말입니다.

그럼 당신이 1인창업하여 받게 되는 축복은 무엇일까요?

첫째, 1인창업하면 꿈이 이루어집니다.

나는 1인창업하여 꿈을 이루었습니다. 사업가가 되었습니다. 강연가가 되었습니다. 이 책을 통해 작가도 되었습니다. 1인창업은 내 꿈을 단기간에 이루어 주었습니다. 꿈은 이미 내 안에 있었습니다. 그동안 내가 움직이지 않았던 것입니다.

직장 생활이 힘들었던 이유도 알게 되었습니다. 내 안에 꿈이 꿈틀거리고 있는 데 직장에서 잘 지낼 수 있었겠습니까? 내 꿈이 직장에 갇혀 있는데 답답하지 않았겠습니까? 직장에서 정말 힘들었습니다.

직장 생활이 답답하게만 느껴졌습니다.

　직장에서는 내 꿈이 크게만 느껴졌습니다. 하지만 1인창업을 하고 보니 내 꿈은 작기만 했습니다. 그래서 나는 더 큰 꿈이 생겼고 그것 또한 이루어졌습니다. 정말 신기하지 않습니까? 직장을 그만두고 1인창업을 했을 뿐인데 단기간에 내가 원하는 것을 모두 이루었습니다. 정말 놀라운 일입니다.

　이렇게 꿈이 이루어졌다고 믿고 꿈을 향해 전속력으로 달려가는 사람에게는 꿈이 저절로 이루어지게 됩니다. 당신도 이미 당신 안에서 꿈이 이루어졌습니다. 움직이기만 하면 됩니다. 하지만 많은 사람들은 움직이지 못합니다. 두려워합니다. 걱정부터 합니다. 제자리에 멈춰서 한탄만 하고 있습니다. 아무런 변화가 없는 것이 당연합니다.

　나는 바로 움직였습니다. 내 안에서만 꿈틀거렸던 꿈을 꺼내어 이미 이루어진 꿈을 눈으로 봤습니다. 내가 하고 싶은 일만 하면서 더 큰 꿈을 이루고 있습니다. 정말 행복할 것 같지 않습니까? 나는 정말 행복합니다. 당신도 1인창업하여 꿈을 이루십시오.

　둘째, 1인창업하면 가족이 행복해집니다.

　나는 창업한 다음 날부터 출근하지 않았습니다. 오늘도 출근하지 않았습니다. 내일도 출근하지 않을 것입니다. 너무 부럽지 않습니까? 내가 자동차 용품 전문점을 운영할 때에도 매일 출근했습니다. 직원보다 늦게까지 일했습니다. 하지만 1인창업은 절대 그렇게 노예처럼 일하지 않습니다.

　1인창업은 출근이 없습니다. 그래서 가족과 시간을 많이 보낼 수 있습니다. 직장 생활할 때에는 가족보다 직장 동료들과 시간을 더 많이 보냈습니다. 이젠 그렇지 않습니다. 가족과 시간을 가장 많이 보냅니다. 자녀가 아프면 병원에도 같이 갑니다. 가고 싶은 곳이 있으면 같이 갑니다. 그럼 어떻게 돈을 버는지 궁금하지 않습니까?

앞에서 말한 1인창업 원리를 배우면 됩니다. 모든 일과 수입을 자동화해 놓으면 가족과 함께 보내는 시간이 늘어납니다. 하루에 1시간에서 3시간만 일해도 됩니다. 이것이 1인창업의 가장 큰 매력입니다.

1인기업으로 부자가 된 사람들 중에 하루 종일 일하는 사람이 있습니다. 누구보다 가장 일을 열심히 합니다. 사업이 잘 운영되고 있는데도 말입니다. 더 잘 되기 위해서 더 많은 일을 합니다. 그렇게 일하면 몸이 상합니다. 건강을 잃게 됩니다. 그럼 모든 것을 잃게 됩니다.

이제 그렇게 일하지 마십시오. 이제 가족과 많은 시간을 보내십시오. 가족과 행복한 시간을 보내십시오. 누구보다 가족의 이야기를 더 많이 들어주고 가족과 소통하십시오. 가족이 이 세상에서 가장 소중합니다. 가족부터 챙기십시오.

내 아내가 정말 행복해 합니다. 매일 행복하다는 말만 하고 삽니다. 나는 가족과 평생 이렇게 살 것입니다. 가족을 위해 1인창업을 하십시오. 아직 결혼을 하지 않았다면 결혼하고 나처럼 사십시오. 당신도 나처럼 1인창업하여 가족과 행복한 시간을 보내십시오.

셋째, 1인창업하면 효도하게 됩니다.

내가 직장 생활하는 동안에는 부모님께 해 드린 것이 없습니다. 하지만 지금은 내가 해 드린 것이 너무나 많아졌습니다. 내가 사업가가 된 것 자체가 효도입니다. 내가 강연가가 된 것이 효도입니다. 내가 이 책을 통해 작가가 된 것만으로도 효도한 것입니다.

부모님께서 얼마나 자랑스럽게 생각하시겠습니까? 자녀를 잘 키웠다고 생각하실 것입니다. 이제는 해 드릴 수 있는 것이 너무나 많습니다. 부모님과 함께 지금보다 행복하게 사는 생각만 해도 정말 즐겁습니다. 부모님께 어떤 선물을 드리는 것이 효도가 아닙니다. 자녀가 행복하게 사는 것이 효도입니다. 자녀가 하고 싶은 일을 마음껏 하며 즐겁게 사는 것이 효도입니다. 자녀가 꿈을 이루는 것이 효도입니다. 그렇지 않습니까? 당신도 1인창업하여 부모님께 효도하십시오.

넷째, 1인창업하면 누군가의 코치가 됩니다.

나는 1인창업하여 천재코치가 되었습니다. 많은 사람들이 천재코치인 나를 찾아옵니다. 나는 그들을 진심으로 끝까지 도와줍니다. 나는 절대 공짜로 도와주지 않습니다. 내 가치만큼 등록비를 받습니다.

나도 예전에 형편이 어려웠습니다. 그래서 나는 공짜로 교육받을 수 있는 곳을 찾아보았습니다. 구걸 마인드가 있었기 때문입니다. 구걸하지 마십시오. 정당한 가치를 지불하고 당당하게 요구하십시오.

주변 사람들이 당신에게 형편이 어렵다고 도움을 요청합니까? 나는 나에게 도움을 요청하면 그 돈을 벌 수 있는 지혜를 알려줍니다. 빌린 돈은 쓰면 금세 없어집니다. 없어지면 또 구걸하러 다니겠습니까? 돈이 중요한 것이 아닙니다. 돈을 벌 수 있는 지혜가 필요합니다.

나에게 지혜를 배우십시오. 돈 버는 원리만 알면 쉽습니다. 지혜로운 방법을 알면 재미있습니다. 이제 남에게 구걸하지 말고 남을 구제해 주는 위치로 의식 수준을 높이십시오. 1인창업을 통해 당신도 코치가 되십시오.

다섯째, 1인창업하면 자유로워집니다.

나는 너무나 자유롭습니다. 시간으로부터 자유롭습니다. 물질로부터 자유롭습니다. 사람들로부터 자유롭습니다. 내가 꿈꾸던 삶이었습니다. 나는 어딘가에 얽매이지 않습니다.

당신은 지금 어디에 속해 있습니까? 직장에 속해 있습니까?

어딘가에 속해 있지 마십시오. 누군가에게 얽매이지 마십시오.

먼저 당신이 일로부터 자유로워지십시오. 당신이 하고 싶은 일만 하고 사십시오. 하기 싫은 일은 하지 마십시오. 하기 싫은 일을 해야 할 이유가 있습니까? 직장에서 월급을 받기 위해 일해야 합니까? 그렇다면 평생 월급에 매여 살게 될 것입니다.

이제 시간에 얽매이지 마십시오. 당신만의 시간을 가지십시오. 가족과 시간을 충분히 보내십시오. 하루 종일 일하지 마십시오. 당신이 시간을 관리하십시오. 시간을 경영하십시오. 어떤 기업에서는 점심시간이 끝나면 종을 친다고 합니다. 학교입니까? 이제 종치는 곳에서 졸업하십시오. 그 곳에서 당장 나오십시오.

당신의 몸과 마음이 자유로워지십시오. 남이 시키는 일만 하지 말고 이제 남에게 지시하는 위치로 신분 상승하십시오. 1인창업이 당신에게 자유를 줄 것입니다. 나처럼 말입니다. 이제 1인창업하여 자유로움을 만끽하십시오.

여섯째, 1인창업하면 부요해집니다.

나는 1인창업으로 부요해졌습니다. 월급만 받고 생활하던 봉급자 생활에서 벗어났습니다. 한 달 동안 죽어라 일만해서 벌 수 있는 돈을 하루 만에 법니다. 한 시간 만에 법니다.

이 책을 통해서 더 부요한 삶을 살고 있습니다. 책은 어떤 마케팅과도 비교할 수 없는 어마어마한 효과가 있습니다. 책 마케팅이 최고의 마케팅입니다. 당신의 이야기와 깨달음을 전하는 것이 최고입니다.

1인창업으로 부요한 삶을 살고 싶다면 책부터 써내십시오. 나는 이 책을 2주 만에 썼습니다. 책쓰기는 쉽고 재미있습니다. 짜깁기한 책을 쓰지 마십시오. 책을 쓰고서도 가족들에게 인정받지 못합니다. 가족들과 많은 사람들이 감탄하는 천재적인 책을 쓰십시오.

천재적인 책에는 남 이야기가 많지 않습니다. 짜깁기하지 않기 때문입니다. 자신의 이야기를 합니다. 나는 이 책에 내 이야기를 담았습니다. 천재적인 의사 전달 방법을 알면 당신도 나처럼 2주 만에 책을 쓸 수 있습니다. 한 달 만에 책을 출간할 수 있습니다. '장열정의 1인창업연구소' 책쓰기학교에 등록하십시오. 당신도 책을 쉽고 재미있게 쓰십시오. 1인창업하려면 지금 당장 책부터 써내십시오.

일곱째, 1인창업하면 건강해집니다.

나는 1인창업하여 건강해졌습니다. 다이어트를 하지 않았는데도 살이 저절로 빠졌습니다. 피곤함도 없어졌습니다. 시간으로부터 자유로워지니 건강해질 수밖에 없습니다. 건강하게 사는 방법이 있습니다.

하루 종일 일하지 않으니 건강해집니다. 산책하는 시간이 넉넉히 생기니 건강해집니다. 스트레스 받지 않으니 건강해집니다. 몸에 해로운 음식을 먹지 않으니 건강해집니다. 직장 생활을 계속 했다면 아마 병이 났을 것입니다.

나는 환절기 때마다 감기 몸살로 인해 고생했습니다. 회사 결근은 물론 조퇴도 자주 했습니다. 하지만 이제는 아프지 않습니다. 1인창업하고 몸이 건강해지는 삶을 살고 있기 때문입니다.

1인창업은 나에게 준 건강의 축복을 주었습니다. 건강이 안 좋으십니까? 그렇다면 1인창업하여 건강한 삶을 사십시오.

여덟째, 1인창업하면 평화 가운데 살게 됩니다.

나는 1인창업하여 스트레스 없는 삶을 살고 있습니다. 나는 직장 생활하면서 많은 스트레스를 받았습니다. 정신적으로 힘들었습니다. 내가 하고 싶은 것이 있었지만 그렇게 할 수 없어서 괴로웠습니다. 이제는 그럴 일이 없습니다. 내가 하고 싶은 일만 하고 삽니다.

나는 누구에게도 눈치 받지 않습니다. 내가 눈치 줄 사람도 없습니다. 얼마나 평화롭습니까? 누군가와 감정 소비해야 할 일도 없습니다. 나는 평생 이렇게 평화롭게 살 것입니다. 정말 행복합니다. 당신도 1인창업하여 나처럼 평화로운 삶을 사십시오.

아홉째, 1인창업하면 지혜로워집니다.

나는 1인창업하여 지혜로워졌습니다. 나는 이미 지혜로웠습니다. 하지만 직장에서 내 지혜를 발휘할 수 없었습니다. 지시와 명령이 가득했기 때문입니다. 내 생각대로 진행하면 충분히 더 잘할 수 있었지만 직장에서는 내 능력을 제한시켰습니다.

나는 이러한 사실을 1인창업을 통해 깨달았습니다. 나는 회사를 지혜로운 방법으로 운영하게 되었습니다. 지혜로운 방법으로 사업하게 되었습니다. 지혜로운 방법으로 돈을 벌게 되었습니다.

내가 말하는 지혜는 앞에서 말한 것과 같습니다. 꿈을 이루고 가족과 행복한 시간을 보내는 것이 지혜로운 것입니다. 노후에 효도하는 것이 아닌 지금부터 효도하는 것이 지혜로운 것입니다. 자유로워지고 부요해지고 건강해지는 것을 선택하는 것이 지혜로운 것입니다.

당신도 나처럼 지혜롭습니다. 당신은 당신의 지혜가 발휘될 환경에 있습니까? 그러한 환경에 있지 않다면 당장 그 환경으로부터 벗어나십시오. 그 곳은 당신이 있어야 할 곳이 아닙니다. 당신에게 도움이 되지 않는 곳입니다. 당신의 지혜를 세계에 널리 알리십시오. 이제 당신의 지혜로 1인창업하십시오.

열째, 1인창업하면 하나님의 사랑을 전하게 됩니다.

나는 하나님을 믿는 사람입니다. 나는 1인창업하여 하나님의 사랑을 전하기 시작했습니다. 그동안 선교하고 싶었지만 방법을 몰랐습니다. 나는 지혜롭게 전도하고 싶었습니다. 1인창업으로 지혜롭게 전도하는 방법을 깨달았습니다.

당신도 전도하고 싶습니까? 그렇다면 1인창업하여 전도하십시오. 가장 지혜로운 방법으로 전도하게 될 것입니다. 전도도 지혜가 필요합니다. 사람들은 너무나 똑똑합니다. 그 똑똑함을 초월해야 합니다. 그 사람들의 코치가 되십시오. 그 사람들을 진심으로 도와주십시오. 그리고 그 사람들을 전도하십시오. 이것이 지혜로운 하나님의 방법입니다.

나는 1인창업하여 많은 축복을 누리고 있습니다. 나는 누구보다 행복합니다. 너무나 자유롭습니다. 1인창업하여 온전한 복음을 깨달았기 때문입니다.

나는 온전한 복음을 깨닫고 가장 행복한 사람이 되었습니다. 가장 지혜롭게 창업하고 사업하는 방법을 알았습니다. 하나님을 믿는 사람들에게는 최고의 축복이 주어집니다. 당신도 나처럼 축복을 누리며 사십시오. 평생 행복하게 사십시오. 당신도 나처럼 1인창업하여 많은 축복을 받으십시오. 하나님은 당신을 사랑하십니다. 당신을 축복합니다.

천재작가 장열정의 이야기와 깨달음 - 제 11 장

잠잘 때만 꿈꾸지 말고 눈뜨고 꿈을 이뤄라

당신은 어릴 적 꿈을 이룰 수 있다고 생각합니까?

나는 어릴 적 꿈을 이뤘습니다. 나는 어릴 적부터 사업에 대한 꿈이 있었습니다. 나만의 회사를 갖고 싶었습니다. 내가 사장이 되어 직원들을 고용하고 회의하는 꿈이 있었습니다. 사장실에서 나만의 시간을 갖는 것을 꿈꿔 왔습니다. 이 모든 것이 꿈이 아닌 현실이 되었습니다.

우리나라가 IMF(국제통화기금)를 극복할 시점에 벤처기업이 유행했습니다. 자신만의 아이디어로 벤처기업을 설립하여 많은 수입을 올린 뉴스를 많이 봤습니다. 나는 그때 당시 학생이었습니다. 우리나라 경제가 어려운데 아이디어만으로 성공하는 것이 매우 놀라웠습니다.

나는 벤처기업 뉴스가 내게 일어난 일이었으면 좋겠다는 바람이 있었습니다. 미래의 내 모습으로 상상하곤 했습니다. 사장이 인터뷰하는 모습을 보고 내 얼굴을 상상 속에 그려 넣고 혼자서 중얼중얼했던 어린 시절이 생각납니다. 그때 문득 이런 생각을 했습니다. '나는 어떤 아이디어로 벤처기업을 설립할까?'

나는 벤처기업 뉴스를 좋아했습니다. 그래서 저녁 뉴스를 꼭 챙겨봤습니다. 뉴스 예고에서 벤처기업 소식이 없으면 다른 프로그램을 시청했습니다. 어린 마음에 IMF로 인해 우리나라가 힘들다는 소식만 듣다가 희망찬 벤처기업 소식을 듣게 되면 행복했나 봅니다. 벤처기업의 뉴스는 나에게 희망이었습니다.

2년이 지난 어느 날이었습니다. 한동안 뉴스를 보지 못했습니다. 시험공부를 해야 하기 때문에 TV시청을 많이 하지 못했기 때문입니다. 그러던 어느 날 오랜만에 본 뉴스는 충격 그 자체였습니다. 벤처기업이 무리한 운영으로 망했다는 소식을 들었기 때문입니다. 너무나 큰 충격을 받았습니다. 내 꿈이었는데 말입니다.

나는 그 후로 나만의 회사를 차린다는 꿈을 접게 되었습니다. 회사가 있다는 것은 좋지만 그렇게 문을 닫고 거리에서 방황하기 싫었기 때문입니다. 어린 마음에 충격이 컸던 나머지 공부를 열심히 해야겠다는 생각까지 들었습니다. 그동안 한 번도 공부를 열심히 해야겠다는 생각을 해본 적이 없었습니다. 이것 또한 충격이었습니다. 내가 공부에 대한 애착이 생기다니 믿을 수 없습니다. 나는 그렇게 내 꿈을 접었습니다. 그 꿈은 잠시 잠깐 스쳐 지나간 작은 희망으로 여겼습니다.

나는 '장열정의 1인창업연구소'를 설립하고 문득 어릴 적 꿈이 다시 생각났습니다. 나는 방에 앉아 이렇게 외쳤습니다.

"아 맞다. 내 꿈이 나만의 회사를 설립하는 것이었어. 맞아, 새까맣게 잊고 있었어. 맞다. 맞아"

어릴 적 생각이 떠올랐던 것입니다.

"그때 그 뉴스를 보고 그 꿈을 접게 되었어. 기억난다."

나는 한동안 그때 생각에 빠져 움직일 수 없었습니다. 어릴 적 내 꿈을 이뤘다는 생각이 들었기 때문입니다. 진짜 나를 찾았다는 행복감에 젖어 빠져나올 수 없었습니다.

나는 '장열정의 1인창업연구소' 특강에서 많은 사람들을 만났습니다. 대학생, 직장인, 주부, 은퇴를 앞둔 50대 과장, 교수, 의사 등 많은 사람들이 특강에 참석했습니다. 나는 특강에서 물어봅니다.

"꿈을 이룰 수 있다고 생각하십니까?"

"1인창업, 꿈을 위해 하십니까?"

대부분 이렇게 대답합니다.

"지금은 아니지만 언젠가는 이룰 수 있다고 생각합니다."

나는 지금 꿈을 이뤄야 한다고 말합니다. 당신에게 그때가 오지 않으면 어떻게 하겠습니까? 당신의 꿈은 지금 이뤄야 합니다. 그동안 머뭇거릴 만큼 머뭇거렸습니다. 그동안 창업을 몇 번이나 시도해 보려고 하지 않았습니까? 지금도 그렇지 않습니까?

나는 이 경험을 통해 깨달음을 얻었습니다.

첫째, 꿈은 잠잘 때 꾸는 것이 아니라 눈뜨고 이루는 것입니다.

꿈은 잠잘 때만 꾸는 것이 아닙니다. 이 책을 읽는 지금 당장 꿈을 꾸고 그 꿈을 이루면 되는 것입니다. 나는 어릴 적 꿈을 이뤘습니다. 당신도 당신의 꿈을 이루십시오.

둘째, 꿈은 잊는 것이 아니라 실현해 가는 것입니다.

나는 '장열정의 1인창업연구소'를 설립하고 어릴 적 꿈이 생각났습니다. 이미 꿈을 이루고 꿈이 생각났던 것입니다.

당신은 어떤 꿈을 잊었습니까? 그 꿈을 지금 당장 이루십시오.

셋째, 꿈은 하나님께서 주신 것입니다.

하나님은 나를 가장 잘 아시는 분이십니다. 나에게 가장 맞는 것을 주시고 내 삶을 최고로 인도하시는 분이십니다. 나는 최고의 삶을 살고 있습니다. 정말 행복합니다.

하나님은 우리에게 최고의 것만 주십니다. 나는 꿈을 이루는 것이 가장 부요하게 사는 방법이라고 생각합니다. 하나님은 내 꿈을 이루게 하셨습니다. 내 꿈을 이루게 하시고 부요함까지 주셨습니다. 이것이 나를 향한 하나님의 사랑입니다.

나는 하나님의 방법으로 1인창업을 했습니다. 나는 '장열정의 1인창업연구소'를 통해 최고의 삶을 살고 있습니다. 나만의 회사를 설립한 일, 그로 인해 하나님의 사랑을 전하는 일, 이것이 나의 사명입니다.

나는 평생 이렇게 살 것입니다. 누구보다 행복하게 살 것입니다. 나는 이미 어느 누구보다 행복합니다. 다른 어떤 것을 주어도 내 꿈과 바꾸지 않을 것입니다. 나에게 최고의 삶을 가져다주었기 때문입니다.

당신도 당신의 꿈을 이루십시오. 당신도 최고의 삶을 사십시오. 하나님은 당신의 인생을 최고의 삶으로 이끌고자 하십니다. 이제 당신의 선택이 남았습니다. 당신의 선택이 당신의 인생을 좌우합니다. 당신의 선택이 당신 가족의 인생을 좌우합니다. 지난날의 선택이 당신에게 최고의 삶을 가져다주지 않았다면 하나님을 믿고 최고의 삶을 사십시오.

당신의 인생을 최고의 삶으로 만드는 것을 두려워하지 마십시오. 당신의 인생을 위한 선택을 주저하지 마십시오. 당신은 꼭 꿈을 이뤄야만 합니다. 마음껏 꿈꾸고 그 꿈을 이루십시오. 하나님께서 함께 하실 것입니다. 하나님은 당신을 사랑하십니다. 당신을 축복합니다.

천재작가 장열정의 이야기와 깨달음 - 제 12 장

당신의 꿈을 내일로 미루지 마라

당신은 꿈을 이루고 있습니까? 꿈을 미루고 있습니까?

나는 꿈을 이루고 있습니다. 나는 내 꿈을 찾았습니다. 나는 내 꿈을 이루고 있어서 행복합니다. 나는 그동안 꿈을 잊고 살았습니다. 내 꿈은 노후에 이룰 수 있다고 생각했습니다. 이보다 어리석은 일은 없습니다. 나는 노후가 아니라 지금 꿈을 이루고 있습니다.

나는 학창시절에 큰 꿈이 없었습니다. 동네에서 축구 잘한다는 소리를 들어서 그런지 축구 선수가 될 것이라는 생각은 있었습니다. 고등학교 3학년이 되어서야 '내 생각은 현실로 이루어질 수 없겠구나.'라는 생각으로 그 꿈을 접었습니다.

고등학교 3학년 졸업 후 경영학을 전공해야겠다는 생각이 들었습니다. 이름을 제대로 아는 학과라고는 경영학과뿐이었기 때문입니다. 나는 대학 입시를 준비하면서 엄청난 충격을 받았습니다. 내 진로 방향이 잘못되었다는 것을 깨닫게 된 것입니다. 그동안의 학창시절이 아깝게만 느껴졌습니다.

나는 '왜 진로에 대해 미리 알려주는 사람이 없지?'라는 생각에만 사로잡혀 있었습니다. 지나 온 세월이 너무 허무하게 느껴졌습니다.

충격 그 자체였습니다. 나 혼자 힘들어하고 있다가 주위를 둘러보기 시작했습니다. 주위 친구들도 나와 같은 모습이었습니다. 그 순간 안도감이 들었습니다. 나만 몰랐던 것은 아니었습니다. 그래서 그 시기를 아무렇지 않게 흘려보냈습니다.

그리고 대학 졸업을 앞둔 시점이 되었습니다. 나는 다시 그때와 같은 생각이 들었습니다. 졸업을 앞둔 모든 이가 진로 고민에 휩싸였습니다. 왜 똑같은 일이 반복해서 일어날까요? 친구들의 진로 기준은 회사 인지도와 연봉이었습니다. 대부분 인지도가 낮아도 연봉이 높으면 이력서를 넣고 취업의 문을 두드렸습니다.

나는 그렇게 하기 싫었습니다. 취업에 대한 마음을 접고 공부하기 시작했습니다. 사실 공부가 목적이 아니었습니다. 나만의 시간을 가지고 싶었습니다. 나는 매일 도서관에서 진로에 대해 고민했습니다. 꿈에 대해 생각해보는 시간을 가졌던 것입니다.

나는 꿈을 향해 지금 바로 달려갈 수 없다고 생각했습니다. 나는 '내 꿈은 노후에나 이루어지겠군. 그때를 위해 지금은 남들같이 일해야겠어. 마음에 들지 않더라도 직장에 다니면서 돈을 모아야겠다. 사회 경험을 해야겠다.'라고 마음의 결정을 했습니다.

당신도 당신의 꿈이 노후에나 이루어진다고 생각합니까?

나는 노후가 아니라 지금 꿈을 이루고 있습니다. 지금부터 꿈을 이뤄야 합니다. 당신의 귀중한 시간을 남의 회사에서 소비해야 할 이유가 전혀 없습니다.

당신은 지금부터 꿈을 이루고 산다면 가난해질 것 같습니까?

전혀 그렇지 않습니다. 나는 오히려 부요해졌습니다. 오히려 회사 다닐 때보다 수입도 늘었습니다. 나는 마음도 부요해졌습니다. 눈치보고 싶어도 눈치 볼 사람이 없습니다. 왜 굳이 마음의 병까지 얻으면서 직장에 다닙니까? 왜 월급도 잘 오르지 않는 직장에서 묶여 있습니까? 그럴 이유가 없습니다.

당신은 꿈을 이루기 위해 회사에서 나와야 합니다. 당신의 꿈을 이뤄야 합니다. 하나님께서 당신에게 부요함을 주셨습니다. 당신은 부자입니다. 당신이 부자가 아니라면 당신의 결정이 당신을 가난하게 만든 것입니다. 그것이 당신이 가난해지는 이유입니다.

나는 마음이 부요해졌습니다. 마음이 부요해지니 저절로 물질까지 부요해졌습니다. 부자는 더 부자가 됩니다. 가난한 사람은 더 가난해집니다. 마음의 부자는 부자가 되는 선택을 하게 됩니다.

당신은 마음의 부자가 되면 가난해질 것 같습니까? 간혹 이렇게 물어보는 사람이 있습니다. 마음의 부자는 실제로 가난할 것 같다고 합니다. 나는 그렇게 생각하지 않습니다. '부자학'이라는 말이 있을 정도로 사람들은 부자에 대해 연구하는 것을 좋아합니다. 부자들을 연구해보면 모두 억만장자 마인드를 가졌다는 공통점이 나옵니다.

마음의 부자가 진정한 억만장자가 되는 것입니다. 가난한 마음으로는 모든 것이 가난하게 보입니다. 그래서 가난하게 살게 되는 것입니다. 가난한 선택만 하기 때문에 가난해지는 것입니다. 당신도 이제 부자가 되어야 합니다. 당신이 가장 먼저 해야 할 일은 바로 억만장자 마인드를 가진 마음의 부자가 되는 것입니다.

하나님은 나와 당신이 마음의 부자가 되기를 원하십니다. 나는 마음의 부자입니다. 하나님께서 내 부족한 부분을 몇 배로 채워 주시기 때문입니다. 하나님은 당신도 부요해지는 것을 원하십니다. 당신은 그럴 자격이 있습니다. 당신은 어떤 선택을 하겠습니까?

내 부모님께서는 마음의 부자입니다. 부자처럼 생각하고 행동하니 부자가 되었습니다. 내 어린 시절은 부요하지 못했습니다. 하지만 내 부모님께서 마음의 부자가 되니 재산이 몇 배로 많아졌습니다. 내 부모님께서는 마음부터 달라지신 겁니다.

나도 29세에 내 집이 생겼습니다. 나는 저지르는 것을 좋아합니다. 저지르고 한 번도 수습하지 못한 적이 없습니다. 하나님께서는 항상 몇 배로 더 채워 주시기 때문입니다. 하나님께서 채워 주실 거라는 믿음이 없었다면 불가능한 일이었습니다.

나는 저지르지도 못했을 것입니다. 그랬다면 27세에 결혼도 못했을 것입니다. 내가 저지르지 못했다면 사랑스러운 딸도 보지 못했을 것입니다. 그랬다면 사랑하는 아내와 딸과 함께 산책도 못했을 것입니다.

당신은 그동안 어떻게 살았습니까?

나는 평생 마음의 부자로 살 것입니다. 마음의 부자에게는 물질도 저절로 따라오게 됩니다. 물질을 경영하게 됩니다. 당신은 물질에 경영 당하는 가난한 마음을 버리십시오. 당신도 평생 마음의 부자로 행복하게 사십시오. 모든 것을 누리며 행복하게 사십시오. 이것이 하나님의 방법입니다. 이것이 당신을 향한 하나님의 사랑입니다.

천재작가 장열정의 이야기와 깨달음 - 제13장

꿈을 이루려면 자신과의 약속을 지켜라

당신은 직장에서 황금연휴를 기다립니까?

나는 매일 황금연휴를 즐깁니다. 나는 직장을 그만두고 매일 황금 같은 연휴를 보내고 있습니다. 매일 아침 출근 시간을 지키기 위해 달릴 필요도 없습니다.

당신은 다음 달 달력을 보면서 연휴를 세어 봅니까?

나는 더 이상 연휴를 세어 보지 않습니다. 매일 연휴처럼 일하다 보면 오늘이 연휴인지도 모릅니다. 매일 연휴이기 때문입니다. 나는 너무나 자유롭습니다. 오늘 컨디션이 좋지 않으면 아무 일도 하지 않습니다. 집에서 휴식을 취합니다.

직장인은 황금연휴를 기다립니다. 그토록 간절하게 황금연휴를 기다립니다. 하지만 황금연휴를 황금처럼 보내지 못합니다. 2014년 5월에는 황금연휴가 있었습니다. 이 회사는 4일 동안 쉬고 저 회사는 6일 동안 쉽니다. 당신은 어떻게 시간을 보냈습니까?

직장인들은 그동안 부족했던 잠을 보충했을 것이고 가보지 못했던 곳에 다녀왔을 것입니다. 나름 행복한 시간을 보냈을 것입니다. 4일 동안만 6일 동안만 그럴 것입니다. 나 또한 직장 생활할 때 그랬습니다. 황금연휴를 보내고 난 뒤에는 후유증이 남았습니다.

오랜만에 출근하면 일이 손에 잡히지 않습니다. 오히려 더 피곤합니다. 부족한 잠을 충분히 보충했지만 잠은 항상 부족합니다. 노는 것도 일입니다. 놀면 놀수록 더 힘들어집니다. 참 이상한 일 아닙니까?

어릴 적에는 그렇게 놀면서 스트레스 해소하는 것이 유일한 낙이었는데 이제 노는 것도 부담스러워집니다. 제대로 놀고 난 다음 날에는 몸살로 고생합니다. 당신도 이런 경험이 있지 않습니까?

나는 직장 생활하면서 노는 것이 부담스러웠습니다. 회사에서 최상의 컨디션을 유지하기 위해 노는 것도 자제했습니다. 무조건 일찍 자고 무조건 일찍 일어났습니다. 회사에서 일을 잘하기 위해서입니다.

내 컨디션은 회사에서 일하기 가장 좋은 몸 상태를 만드는 것에 초점이 맞춰져 있었습니다. 나는 직장 생활에 방해가 되는 그 어떤 것도 하지 않았습니다. 지금 생각해보면 참 이상하게 살았던 것 같습니다.

내 삶의 초점은 회사에 있었습니다. 내 삶의 중심은 회사에 있었습니다. 회사에서 인정받고 싶었습니다. 회사에서 존경받고 싶었습니다. 회사에서 승진하고 싶었습니다. 회사에서 연봉을 많이 받고 싶었습니다. 회사에서 야근해도 좋았습니다. 인정받고 승진하고 연봉을 많이 받을 수 있는 일이라면 무엇이든 할 수 있었습니다. 그렇게 했습니다.

나는 내가 가장 중요하게 생각하는 나만의 약속이 있었습니다. 하지만 직장 생활하면서 나만의 약속이 깨졌습니다. 그동안 힘겹게 지켜오고 있었던 것이었습니다. 나는 절대 술을 먹지 않겠다고 다짐했습니다. 나는 22세에 술을 끊었습니다. 더 이상 술 먹고 실수하는 것을 내 자신이 용납할 수 없었기 때문입니다.

나는 절대 술을 입에 대지 않기로 약속했습니다. 학창시절의 이야기입니다. 나는 친구와 술을 마시고 취한 상태로 집에 들어갔습니다. 기억이 하나도 나지 않습니다. 어떻게 집에 갔는지 몇 시에 집에 갔는지 기억이 나지 않습니다. 집 문 앞에 누워 큰 소리로 노래를 불렀다고 합니다. 집에서는 난리가 났습니다. 부모님께서 일단 나를 침대에 눕혀 재웠다고 합니다.

아침이 되었습니다. 나는 눈을 떴습니다. 일어나 보니 침대에 누워 있었습니다. 내 기억은 친구들과의 술자리에서 멈췄습니다. 기억을 더듬었습니다. 한 장면이 떠올랐습니다. 집 앞에 누워 노래하는 장면입니다. 큰일 났습니다. 떨리는 마음으로 방문을 열고 나가보니 집 분위기는 차가웠습니다. 무서웠습니다. 집에서 쫓겨날 것 같았습니다.

내 부모님께서는 나를 엄하게 키우셨습니다. 부모님에게 그런 모습을 처음 보여드린 것입니다. 그 이후의 일은 말하지 않아도 상상이 될 겁니다. 상상대로 됐습니다. 나는 부모님께 용서를 빌었습니다. 학창 시절이었기 때문에 술을 마시지 않겠다고 부모님께 약속했습니다.

나는 술을 끊기 위해 많은 노력을 했습니다. 그렇게 4년이 지나고 술을 끊게 되었습니다. 나는 나에게 약속했습니다. 나는 하나님께 약속했습니다. 앞으로 절대 술을 입에 대지 않겠다고 말입니다. 하지만 직장 생활하면서 나와의 약속이 깨졌습니다.

나는 직장에서 술을 마셨습니다. 어쩔 수 없이 그렇게 됐습니다. 회사에서 승진하고 연봉을 많이 받고 싶었기 때문입니다. 나는 첫 직장을 6개월 만에 그만뒀습니다. 회사를 그만둘 수밖에 없는 이유가 몇 가지 있었습니다. 그 중 하나는 술이었습니다.

하나님께서 부모님과 직장을 통해 술을 끊게 하셨습니다. 나는 술을 마실 때마다 내 진심이 나온다고 생각했습니다. 하지만 그건 사실이 아니었습니다. 나는 자꾸만 실수를 했습니다. 내 마음에서 나오는 소리가 아니었습니다. 술은 나에게 정말 좋지 않은 영향만 끼쳤습니다. 내가 술을 마셔야 할 이유가 없었습니다. 하나님께서 직장을 통해 술을 끊게 하셨습니다. 나는 이 일로 몇 가지 사실을 깨달았습니다.

첫째, 나에게 좋지 않은 영향을 끼치는 것은 하지 않게 됩니다.

당신도 그렇지 않습니까? 당신에게 좋지 않은 영향을 끼치는 것은 결국에 끊게 되지 않습니까? 나도 그렇습니다. 나에게 좋지 않은 영향을 주는 것들은 다 끊어 버렸습니다. 하나님께서 끊게 하신 것입니다.

둘째, 어차피 끊을 것이니 시간 끌지 마십시오.

어차피 끊게 될 것입니다. 어차피 하지 않게 될 것입니다. 많은 사람들은 부정적인 영향이 눈에 보여야만 끊습니다. 그래도 끊지 않는 사람들이 있습니다. 본인 선택입니다. 나는 어차피 하지 않게 될 것이라면 주저 없이 선택합니다. 그것이 지혜로운 선택이기 때문입니다.

셋째, 술을 마셔야 할 이유가 없습니다.

나는 술자리 분위기가 좋았습니다. 일상에서 탈출하는 기분이었기 때문입니다. 해방되는 느낌이었습니다. 하지만 나에게 도움이 된 것은 하나도 없었습니다. 나는 술 때문에 친구를 잃었습니다. 내 실수만 늘어났습니다. 이상한 기분에 취하는 것에 대한 기쁨이 없어졌습니다. 나는 다른 방법을 선택했습니다. 나는 좋아하는 취미를 만들기로 했습니다. 내가 좋아하는 취미를 만드니 스트레스도 해소되고 하고 싶은 일도 많아졌습니다. 더 이상 술자리를 좋아하지 않게 되었습니다.

넷째, 하나님의 방법으로 끊게 하십니다.

결국 하나님께서 끊게 하실 것입니다. 하나님께서 그렇게 하실 것입니다. 나는 끊고 싶은 마음이 없었지만 하나님께서 그 마음까지 주셨습니다. 그것은 나에게 도움이 되지 않기 때문입니다.

당신에게는 황금연휴가 어떤 의미입니까?

나에게는 이제 일상이 되었습니다. 특별한 것이 아닙니다. 황금연휴를 기다리지 마십시오. 매일 황금연휴를 즐기는 자유로운 삶을 선택하십시오. 그리고 자유를 만끽하십시오.

당신은 월급에 만족합니까?

나는 만족하지 못했습니다. 내 실력에 비해 너무나 부족한 월급을 받았습니다. 당신도 그렇습니까? 그렇다면 직장에서 벗어나십시오.

당신은 직장에서 당신만의 약속을 지키지 못한 경험이 있습니까?

나는 하나님과의 약속을 지키지 못했습니다. 하나님께서 모든 것을 끊게 하셨습니다. 나는 정말 행복합니다. 하나님께서 내 잘못을 꾸짖으신 것이 아니라 자연스럽게 벗어나게 해주셨습니다. 나에게 진정한 자유를 주셨습니다.

당신도 벗어나야만 하는 환경에 있지 않으십니까? 그렇다면 벗어나십시오. 당신은 벗어나야만 합니다. 벗어나면 자유롭습니다. 그 순간에는 두렵고 걱정되고 무섭습니다. 하지만 벗어나면 자유롭습니다. 다른 새로운 길이 열립니다. 더 좋은 길이 열리게 됩니다.

하나님을 믿는 자에게는 죄에 대한 대가가 아닌 새로운 길이 열리게 됩니다. 나에게도 새로운 길이 열렸습니다. 행복하게 사는 길이 열렸습니다. 이것이 하나님의 은혜입니다. 나는 이제 행복 고속도로에서 고속으로 달릴 것입니다. 하나님의 속도를 지키면서 말입니다.

천재작가 장열정의 *이야기*와 *깨달음* - 제 14 장
회사에서는 왜 거짓말하게 될까?

당신은 회사에 결근을 자주 합니까?

나는 회사에 결근한 적이 많았습니다. 나는 자주 아픈 편이었습니다. 신경이 매우 예민했습니다. 조금만 신경 쓰이는 일이 생기면 바로 아팠습니다. 아프지 않지만 아프고 싶은 마음이 듭니다. 이제 나는 회사에 다니지 않습니다.

나는 직장에서 자주 아픈 사람이었습니다. 직장 동료들은 나를 걱정해 주었습니다. 나는 동료들의 사랑을 나를 걱정해 주는 것으로 느꼈나 봅니다. 그렇게라도 관심을 받고 싶었나 봅니다.

나는 일을 **빠르게** 진행한 후에 아프다고 자주 결근을 했습니다. 한 달에 한번 정도는 그랬습니다. 일을 빠르게 하니 어느 누구도 나에게 뭐라고 하는 사람이 없었습니다.

사장님도 몸 관리를 잘하라는 말만 할 뿐 별다른 말을 하지 않았습니다. 몸이 아프고 결근한 다음 날에는 오전에 아픈 연기를 살짝 해주고 오후에는 날라 다녔습니다. 나는 매번 마음의 찔림이 있었습니다. 양심에 찔렸던 것입니다. 나는 양심에 찔리는 행동을 계속 했습니다.

직장을 그만두기 전에는 오랫동안 아프다고 결근했습니다. 결근하

고 직장 퇴사를 고민했던 것입니다. 한 번에 결정하기 어려우니 아프다는 핑계를 대고 생각하는 시간을 가졌던 것입니다. 그리고 얼마 후 직장을 그만두겠다고 말합니다.

내가 직장 그만둘 때 모두 나를 말립니다. 당신도 그럴 것입니다. 내가 잘나서가 아닙니다. 그럴 수밖에 없습니다. 새로운 사람을 뽑으면 그 사람과 적응하는 시간도 있어야 하고 업무도 알려줘야 합니다. 여러 가지로 많은 사람들에게 시간이 필요하기 때문입니다. 그래서 나는 그만둘 수밖에 없는 환경을 만듭니다. 어쩔 수 없이 그만두어야 하는 환경을 만들어 놓고 그만둔다고 말합니다. 그리고 그만둡니다. 그렇게 직장을 그만두면 마음이 자유로워집니다.

첫 번째 직장에서 있었던 일입니다. 중소기업에 취업했습니다. 사원수도 50명이상 되는 회사였습니다. 내 부서에는 나까지 포함해서 5명의 직원이 있었습니다. 모두 성격이 밝아서 금세 적응하였습니다. 분위기도 좋아 성과도 잘 나왔습니다.

한 달도 되지 않아 형, 누나로 호칭을 바꿔 부를 정도로 가족같이 지냈습니다. 그렇게 서슴없이 지내니 문제가 생길 수밖에 없었습니다. 직책을 잊고 있었던 것입니다. 장난의 강도는 심해졌고 결국 장난으로 인해 큰 싸움이 생겼습니다.

내가 누나라고 불렀던 상사가 있었습니다. 상사는 나에게 장난을 잘 쳤습니다. 나도 맞장구쳤습니다. 어느 날 평소와 같이 대했는데 상사가 화가 난 것입니다. 그래서 하루 종일 조심스럽게 행동했습니다. 아무 말도 하지 않았습니다. 퇴근하기 1시간 전에 갑자기 자리에서 일어나더니 나에게 소리쳤습니다.

상사의 행동은 상식적으로 이해가 되지 않았습니다. 여자 직원이라서 팀장님은 어쩔 줄 몰라 했습니다. 참으라고만 하는 겁니다. 팀장님의 태도에 나는 더 화가 났습니다. 정말 말도 안 되는 상황이었습니다. 나는 짐을 싸서 나왔습니다. 뒤도 안 돌아보고 나왔습니다. 내 첫 직장이었습니다. 첫 직장에서 이런 일을 겪게 된 것입니다. 가족처럼 생각했고 주변 사람들에게는 회사 사람들이 너무 좋아서 행복하다고 말할 정도였습니다.

나는 화가 많이 난 상태로 친구를 만났습니다. 그런데 다른 팀장님에게 전화가 오는 겁니다.

"장주임, 무슨 일이야?

"팀장님, 죄송합니다. 전 그만두겠습니다."

"이야기는 들었어, 많이 당황했겠다. 정말 황당하지? 그래도 그렇게 그만두면 마음이 불편할 거야. 그만두더라도 내일 나와서 인사하고 그만 둬. 그게 마음 편해."

한참 고민하다가 대답합니다.

"알겠습니다. 깔끔하게 마무리하고 퇴사하겠습니다."

다음 날 출근했습니다. 분위기는 말 안 해도 알 것입니다. 아무 소리도 안 들립니다. '내가 왜 회사에 다시 왔을까?'라는 생각 밖에 들지 않습니다. 팀장님이 나를 조용히 회의실로 부릅니다.

팀장님과 이야기 끝에 조금 더 다녀 보기로 했습니다. 상사와 화해하고 다시 회사 생활을 시작합니다. 이런 회사 생활이 얼마나 잘 유지될 수 있겠습니까? 나는 3개월 후에 퇴사했습니다. 3개월 동안 회사를 퇴사할 수 있는 환경을 만든 것입니다. 이것이 시작이었습니다.

당신도 회사 생활이 불편합니까?

나는 회사를 버렸습니다. 이제 쳐다보지도 않습니다. 나는 더 이상 양심을 속여 가면서 아프다고 할 환경이 없습니다. 나는 이런 생활이 정말 싫었습니다. 내가 만든 환경에서 내가 힘들어하는 것입니다.

나는 하나님께 기도했습니다. 나에게 건강을 달라고 기도했습니다. 몸이 아프지 않았지만 아프다고 거짓말하다 보니 정말 아픈 몸이 되어 버렸습니다. 하나님께서 나에게 건강을 주셨지만 내가 몸을 아프게 만들었습니다. 아프다고 하니 정말 아파지는 것입니다.

하나님께서 나에게 몸과 마음이 건강하다고 말씀하셨습니다. 몸이 아픈 것이 아니라 마음이 아팠던 것입니다. 마음이 약했던 것입니다. 마음이 강해진 후에는 아프지 않습니다. 신기할 정도입니다.

나는 이제 아프지 않습니다. 몸도 아프지 않고 마음도 아프지 않습니다. 나에게는 아픔을 느낄 수 있는 환경이 없습니다. 내가 철저히 차단시켰습니다. 아플 이유가 없습니다. 아프다고 핑계 대며 집에 있을 이유가 없어졌습니다.

그렇다면 건강하게 사는 방법에는 어떤 것이 있을까요?

첫째, 몸이 건강해야 합니다.

몸이 건강해야만 합니다. 몸이 건강할 수 있도록 먹는 것과 자는 것에 신경 쓰고 운동해야 합니다. 당연한 이야기이지만 많은 사람들은 이것도 지키지 못합니다.

둘째, 마음이 건강해야 합니다.

마음이 건강하면 몸도 아프지 않습니다. 마음의 병이 결국 육체의 병으로 이어지게 되는 것입니다. 암에 걸린 사람이 믿음으로 하나님께 기도하여 병이 나았다는 이야기가 많습니다. 이것은 무엇을 말합니까? 마음의 건강이 몸의 병을 낫게 하는 것입니다. 당신은 몸이 아픕니까? 그렇다면 하나님께 기도하십시오.

셋째, 건강하지 못한 환경을 차단시키십시오.

나는 직장에서 많이 아팠습니다. 그래서 직장이라는 환경을 철저하게 차단시켰습니다. 나는 더 이상 아프지 않습니다. 정말 건강합니다.

넷째, 하나님께서 당신에게 건강을 주셨습니다.

이미 당신은 하나님께 건강을 받았습니다. 몸과 마음의 건강을 주셔서 감사하다는 고백을 하면 되는 것입니다.

당신은 건강합니까?

나는 너무나 건강합니다. 몸과 마음이 건강하니 너무나 행복합니다. 건강도 당신이 선택하는 것입니다. 건강할 수 있는 환경을 선택하십시오. 건강이 나빠지는 환경을 철저히 차단시키십시오. 생각이 건강하지 않다면 생각도 차단하십시오.

나는 건강합니다. 당신도 건강합니다. 건강한 몸과 마음에서 긍정적인 에너지가 넘쳐흐르는 것입니다. 하나님은 우리에게 건강의 축복을 주셨습니다. 하나님의 축복을 마음껏 누립시다. 평생 건강하게 삽시다. 당신을 축복합니다.

천재작가 장열정의 이야기와 깨달음 - 제 15 장

평생직장이 아닌 평생 가족을 책임져라

당신은 평생직장에 다닐 수 있다고 생각합니까?

당신이 하고 싶은 일로 사업하고 싶지 않습니까?

나는 1인창업을 했습니다. 내가 하고 싶은 일로 1인창업했습니다. 요즘 트렌드, 유행 등 말이 많지만 나는 내가 하고 싶은 일만 합니다.

내가 하고 싶은 일만 하니 정말 행복합니다. 나는 직장 다닐 때보다 수입도 늘었습니다. 직장 생활에서 겪는 어려움이 나에게는 없습니다. 나는 정말 자유롭습니다.

나는 직장을 옮길 때마다 일 잘한다는 소리를 들었습니다. 내 능력이 좋아서가 아니라 많은 노력을 했기 때문입니다. 나는 새로운 직장에 적응하기 위해 퇴근 후 늦은 밤까지 일을 하곤 했습니다.

내가 그렇게 해야만 직장에서 인정받을 수 있었습니다. 나는 인정받는 것을 좋아했습니다. 인정받을 때까지 미친 듯이 일만 했습니다. 그리고 인정받고 난 뒤에는 나태해지곤 했습니다.

나는 직장에서 인정받는 순간 나태해지고 자만해지고 거만해지기까지 했습니다. 겉으로는 겸손한 척 합니다.

나는 나보다 능력 없는 직장 상사는 상사로 여기지 않았습니다. '왜 일을 저렇게 밖에 못하지?' '왜 저렇게 나태한 자세로 직장을 다니지?' 라고 무시했습니다.

　나는 직장에서 인정받는 순간 월급을 많이 받고 싶어졌습니다. 월급이 원하는 만큼 오르지 않으면 직장을 옮기고 싶은 마음이 강하게 들었습니다. 지금 생각해보면 나는 직장에 있으면 안 될 사람이었습니다. 참 다행입니다. 나 같은 사람은 직장에 도움이 되지 않습니다.

　그래서 나는 과감히 결단했습니다. 내가 하고 싶은 일을 할 수 있는 1인창업을 하기로 결단했습니다. 나는 너무나도 좋은 조건을 포기했습니다. 그리고 바로 사업을 시작했습니다. 내 결정이 직장에도 도움이 되고 직장 상사들에게도 도움이 됐습니다.

　나처럼 직장에 있으면 안 되는 사람들이 있습니다. 당신도 그렇지 않습니까? 오히려 회사에 방해가 됩니다. 직장의 발전에도 도움이 되지 않습니다. 나 같은 사람들은 1인창업으로 자신이 하고 싶은 일을 자유롭게 해야 합니다.

　당신도 1인창업을 할 수 있습니다. 직장 때문에 못하겠습니까? 시간도 없습니까?

　그럼 당신은 은퇴 전까지 직장에 다녀야 합니다.

　당신은 직장을 평생 다닐 수 있다고 생각합니까?

　언젠가는 그만둬야만 합니다. 직장에 평생 다닐 수 없는 것이 직장인입니다. 참 슬프지 않습니까? 언젠가 은퇴하는 날이 오니 말입니다.

　나는 직장에서 1인창업을 준비했습니다. 사장님이 알게 되는 것이 걱정됩니까? 동료들이 알게 될까 걱정됩니까? 왜 당신은 당신의 인생을 걱정하지 않습니까? 당신도 당신만의 시간을 보내면서 행복하게 살 자격이 있습니다. 당신도 1인창업으로 당신이 하고 싶은 일을 자유롭게 하십시오.

나도 처음엔 두려웠습니다. 걱정이 많았습니다. 하지만 내 인생에 대해 생각해보았습니다. 지금 하지 않으면 평생 하지 못할 것 같았습니다. 몇 번이나 주저했고 주위에서도 "1인창업하면 되는데 왜 직장에서 그렇게 힘들어하니?"라는 말을 참 많이 들었습니다. 하지만 그때도 망설였습니다. 두려움이 앞서는 것은 당연한 것입니다.

나는 내가 창업 준비하는 것을 사장님이 알게 될까 봐 두려웠습니다. 내 인생보다 회사 발전이 더 중요했습니다. 회사 발전이 내 발전이라고 생각했기 때문입니다. 내 인생을 걱정하는 것이 아니라 회사와 사장님 걱정만 했던 것입니다. 내 인생은 내 것입니다. 당신의 인생도 당신 것입니다. 사장님의 것도 아니고 직장 동료와 상사의 것이 아닙니다. 당신의 인생을 걱정하십시오. 당신과 당신 가족의 미래에 대해 생각하십시오. 사장 눈치 보지 마십시오. 그만두면 남입니다.

당신의 미래는 당신 선택에 따라 달라집니다. 지금 바로 1인창업을 시작하십시오. 당신의 인생만 생각하고 당신의 가족만 생각해서 1인창업을 하십시오. 회사는 1인창업을 준비하기 위한 최고의 장소입니다.

나는 어느 날 아내에게 이렇게 말했습니다.

"직장을 언제 그만 둘지 몰라요, 그런데 조만간 그만두고 싶어요."

아내가 이렇게 대답합니다.

"언제 그만 둬도 상관없어요. 나는 당신을 믿어요."

나는 아내의 대답에 놀랐습니다. 아내에게 미안해서 그동안 말하지 못하고 있었습니다. 나 혼자만의 생각으로 걱정하고 두려워했던 나 자신이 초라하게 느껴졌습니다. 이렇게 나를 믿어 주고 내 결정을 지지해 주는 아내가 있는데 그동안 왜 말도 못하고 마음고생을 했는지 나 자신이 어리석게 느껴졌습니다.

아내는 또 이렇게 말했습니다.

"당신이 그동안 내게 보여주었던 모습이라면 어떤 결정을 해도 좋아요. 당신이 힘들어하는 모습을 보는 것이 더 힘들어요. 당신은 무엇을 하든 나와 가족을 가장 먼저 생각하니 당신이 결정한 대로 하세요."

나는 이 말을 듣고 아내 앞에서 눈물이 나려 했지만 약한 모습을 보이기 싫었습니다. 나는 눈물을 머금고 1인창업을 본격적으로 시작했습니다. 나는 그동안 아내에게 믿음직한 모습만 보여주려고 애썼습니다. 억지로 하지 않고 진심으로 그렇게 했습니다. 그 이후로 아내는 내가 어떤 결정을 하든지 어떤 일을 하든지 무조건 믿어 주었습니다.

어떻게 하면 가족의 축복 속에서 1인창업을 할 수 있을까요?

먼저 당신의 인생을 책임지는 모습을 보이십시오.

당신의 가족도 당신이 변화된 모습으로 인해 변화됩니다. 그래서 당신이 가장 중요합니다. 당신의 인생을 책임지십시오. 당신이 책임을 지는 순간 당신 가족이 당신을 믿게 됩니다. 나는 내 인생을 책임집니다. 내 가족의 인생도 책임집니다. 나는 목숨 걸고 책임집니다. 당신도 그렇게 하십시오. 하나님이 나와 당신의 인생을 책임지십니다.

하나님은 우리를 위해 하나뿐인 아들에게 십자가를 지게 하셨습니다. 이 땅에 오신 예수님은 우리를 위해 십자가를 짊어지셨습니다. 예수님께서 십자가를 지셨기 때문에 나는 자유롭습니다. 당신도 자유롭습니다. 어딘가에 마음이 묶여 있지 마십시오.

당신이 1인창업에 대한 열정이 가득하다면 더 이상 시간을 기다리지 마십시오. 지금까지 잘 기다렸습니다. 하지만 기다려도 달라진 것은 없지 않습니까? 1인창업이야 말로 당신과 당신의 가족이 자유로운 삶을 누리게 해주는 축복입니다. 이제 당신 가족의 축복 속에서 1인창업 하십시오. 당신을 축복합니다.

천재작가 장열정의 이야기와 깨달음 - 제 16 장
가족의 행복이 가장 위대하다

당신은 행복합니까?

나는 정말 행복합니다. 다른 어떤 이보다 행복합니다. 이렇게 행복함을 누려도 되는지 모르겠습니다. 나는 내가 느끼는 행복을 전하고 있습니다. 당신도 나처럼 행복해야만 합니다.

나는 행복하기 위해 창업했습니다. 행복은 자유로부터 옵니다. 나는 자유롭기 위해 창업했습니다. 나는 정말 자유롭습니다. 이렇게 자유로워도 되는지 모르겠습니다. 처음에는 자유를 누리는 것도 어색했습니다. 생소했습니다.

나는 직장인이었기 때문에 자유가 어색했습니다. 자유가 어색하다 못해 자유로우면 죄를 짓는 것 같은 기분이 들었습니다. 나는 누군가에게 자유롭다고 보고해야 할 것 같았습니다. 내일 쉬고 싶으면 누군가에게 쉬어도 되는지 확인 전화를 해야 할 것 같았습니다.

나는 계속해서 쉬면 큰일 나는 줄 알았습니다. 나는 쉴 때마다 마음이 불편했습니다. 쉬는 것이 아니었습니다. 편안한 마음으로 쉬고 싶었지만 그럴 수 없었습니다. 나는 계속해서 나를 혹사 시켜야만 되는 줄 알았습니다.

어느 날 아내는 나에게 이렇게 말했습니다. 내가 직장을 그만두고 집에서 노예처럼 일을 열심히 하고 있을 때의 이야기입니다.

"여보, 내일 나와 함께 시간을 보낼 수 있어요? 가고 싶은 곳이 있어요. 꼭 가고 싶어요."

순간 내 마음에 불편한 마음이 생겼습니다.

"음, 내가 일을 그만두고 생활비를 벌어야 하기 때문에 나에게 일하는 시간을 주었으면 좋겠어요."

아내는 아쉽지만 당연히 그래야 된다는 표정이 역력했습니다. 아내는 이렇게 이야기합니다.

"맞아요. 여보가 고민이 많을 텐데 내가 또 내 생각만 했네요. 나중에 잘되면 그때 가도 괜찮아요. 나 신경 쓰지 말고 일해요. 괜찮아요."

나는 이런 대화가 당연하다고 생각했습니다. 아내가 이렇게 이야기해 주니 마음이 편했습니다. 내가 어떤 일을 해도 믿어 주는 아내이기 때문입니다. 나는 다음 날도 편하게 일만 했고 그 다음날도 편하게 일만 했습니다.

어느 날 일하고 있는데 갑자기 이런 생각이 들었습니다.

'내가 분명 가족과 시간을 보내기 위해서 직장을 그만두겠다고 다짐했는데 내가 지금 무엇을 하고 있는 거지?'

나는 또 이런 생각이 들었습니다.

'생활비는 있어야지, 딸도 있는데 그냥 넋 놓고 시간만 보낼 수는 없잖아. 누가 나대신 돈을 벌어 주는 것도 아닌데······.'

이렇게 생각하고 나는 또 죽어라 일만 했습니다. 나는 밤낮없이 기계처럼 일했습니다. 동업자들은 나를 기계라고 했습니다. 일도 잘하고 빠르게 한다고 말입니다. 나는 이런 이야기를 들을 때마다 기분이 좋지 않았습니다.

'나는 기계가 아닌데…… 기계는 행복하지 않은데…… 그럼 나는 행복한 기계인가?'

'나는 무엇 때문에 고정적인 생활비도 나오지 않는 창업을 하기로 한 거지?'

창업을 시작할 때의 마음을 잃어버린 것입니다. 나 역시 현실에 안주하기 싫어서 직장을 그만두고 창업했지만 직장인보다 마음이 더 가난해졌습니다. 나는 3일 동안 아무 일도 하지 않았습니다. 내 마음이 너무 힘들었기 때문입니다.

하지만 3일 동안 달라진 것이 없었습니다. 나는 또 이렇게 결론을 냈습니다.

'미친 듯이 일해서 일단 사업을 안정시키고 발전시키자. 이것이 내 행복과 가족을 위한 유일한 방법이야'

이렇게 멍청하고 어리석은 방법이 없었습니다. 지금 생각해보면 나는 앞뒤가 맞지 않는 어리석은 사람이었습니다. 나는 이렇게 멍청하고 어리석은 방법을 쓰레기통에 갖다 버렸습니다. 모두 불태워 버렸습니다. 이런 어리석은 생각은 나를 가난하게 만들었습니다.

지금 생각해보면 행복하기 위한 선택이 아닌 더 멍청하고 어리석은 선택을 했었습니다. 나는 이제 행복한 방법으로 사업하고 있습니다. 나는 진정한 행복을 찾았습니다.

진정한 행복은 하나님의 사랑을 전하는 것입니다. 그리고 하나님을 제대로 아는 것입니다. 하나님을 제대로 믿는 것입니다. 내가 제대로 알고 믿으니 아내가 달라졌습니다. 아내가 행복해 합니다. 나도 너무나 행복합니다. 나는 가장 행복한 사람이 되었습니다.

나는 어떻게 진정한 행복을 찾았을까요?

첫째, 행복을 알려주는 천재코치를 만나십시오.

어떤 강사도 진정한 행복에 대해서 코치해 주지 않습니다. 나는 천재멘토를 만났습니다. 그래서 진정한 행복을 찾았습니다. 나는 너무나 행복한 사람입니다. 당신도 행복한 삶을 코치 해주는 천재코치를 만나야 합니다. 당신의 행복을 위해서 말입니다.

둘째, 하나님께서 주신 지혜를 믿으십시오.

나는 지혜롭습니다. 하나님께서 지혜를 주셨기 때문입니다. 그래서 어리석은 방법을 모두 중단하였습니다. 나는 지혜롭기 때문입니다.

셋째, 하나님을 믿는 믿음이 무엇보다 가장 중요합니다.

나는 그동안 행위로 모든 것을 하려고 했습니다. 기도하는 시간이 짧아서 하나님께 죄를 짓는 마음이 있었고 교회에서 봉사하지 못해서 죄를 짓는 마음이 있었습니다. 그래서 하나님께서 나를 사랑하지 않을 것 같았습니다.

이런 어리석은 생각이 어디 있습니까? 그렇다면 예수님께서 왜 십자가를 지셨습니까? 이미 십자가를 통해 다 이루셨습니다. 내 죄와 내 어리석음이 없어졌습니다. 나는 믿음으로 의인이 되었습니다. 나는 믿음으로 지혜로워졌습니다. 행위가 아닌 온전한 믿음을 가지십시오.

혹시 당신도 율법적인 행위에 빠져서 괴롭지 않습니까?

하나님은 그런 분이 아닙니다. 하나님은 당신의 믿음을 보십니다. 행위로 믿으려고 하지 마십시오. 믿고 움직이십시오. 전적으로 믿으십시오. 온 맘 다해 믿으십시오.

하나님은 사랑이십니다. 당신을 무척이나 사랑하십니다. 당신도 하나님을 사랑하십시오. 당신이 무엇을 하든지 하나님께서는 당신을 무척 사랑하십니다.

당신의 무거운 짐을 내려놓으십시오. 당신은 자유로워야 합니다. 나는 자유롭습니다. 예수님께서 십자가에서 내 짐을 모두 짊어지셨기 때문입니다. 나는 행복합니다. 누구보다 행복합니다. 이제 당신도 행복하십시오. 당신의 행복을 창업하십시오. 당신의 창업을 응원합니다. 당신의 창업을 위해 기도합니다. 당신을 축복합니다.

천재작가 장열정의 이야기와 깨달음 - 제 17 장

가족을 위해 직장에서 당장 나와라

   당신이 회사에 다니는 이유는 무엇입니까?
   가족을 위해서입니까? 자신을 위해서입니까?
   나는 회사를 그만두었습니다. 오랜 고민 끝에 남 눈치 보며 일하는 것을 중단하였습니다. 물론 쉽지 않았습니다. 나를 걱정하는 아내가 있었고 눈에 넣어도 아프지 않은 딸이 있었고 나를 걱정하시는 부모님도 계셨기 때문입니다. 회사를 그만두겠다고 결정한 직장인이라면 누구나 같은 마음일 것입니다.
   나는 내가 하고 싶은 일을 하는 편입니다. 회사도 짧은 기간 동안 세 번이나 이직했습니다. 회사를 다니다가 '이제 다른 일을 해야겠다.'라고 생각이 들면 이직했습니다. 나는 회사를 그만둘 때 항상 불안했습니다. 회사에 들어가는 것도 어렵지만 그만두는 것은 더욱 어렵습니다. 그만두겠다고 말만 하면 되지만 그 말이 쉽게 나오지 않습니다. 당신도 그렇지 않습니까?
   나는 회사를 그만 둘 때 마음에 강한 확신이 있었습니다. '지금이 아니면 나중에 정말 그만두지 못 하겠구나.'라는 생각이 들었습니다. '평생 직장인으로 머문다면 내가 정말 행복하지 않겠구나.'라는 생각도 들었습니다. 회사를 그만두니 더욱 실감납니다. 내가 할 수 있는 일은 너무나 많았습니다. 아직 해보지 못한 것도 너무나 많았습니다. 나는 행복하지 않았던 것입니다. 직장을 다녀서는 절대로 누리지 못하는 것들도 있었습니다. 회사를 그만두고 깨달았습니다.

나는 그 중 하나로 이제야 진정한 가족의 행복을 느끼고 있습니다. 회사 다닐 때에는 새벽같이 일어나서 부랴부랴 씻은 후 인사도 못하고 출근합니다. 점심시간을 이용해서 잠깐 연락만 합니다. 그리고 피곤한 몸을 이끌고 퇴근합니다. 저녁 식사 후 TV 시청을 합니다. 또는 자기계발 시간을 가지면 하루가 끝납니다. 가족 얼굴은 몇 시간도 보지 못합니다. 가족들과 진솔한 이야기를 나눌 시간도 없습니다. 오히려 직장 동료들과 지내는 시간이 늘어납니다. 가족들과는 주말에 외출하여 시간을 갖는 것이 전부입니다.

이것은 내가 원하는 삶이 아니었습니다. 나는 가족들과 행복한 시간을 보내는 것이 가장 소중합니다. 그래서 나는 과감하게 직장을 그만두었습니다.

아내와 시간을 많이 보내고 싶었습니다. 바쁘게 살다 보니 서로의 마음을 들어주는 시간도 줄었고 출산 후 데이트도 제대로 못했습니다. 대부분 이렇게 산다고 합니다. 나는 이렇게 살기 싫었습니다. 나는 가족의 진정한 의미를 찾고 싶었습니다. 사랑하는 아내와 평생 행복하게 사는 방법을 찾기로 했습니다. 나는 회사를 그만두고 그 방법을 찾았습니다. 행복하게 사는 방법은 너무나 많았습니다.

당신은 당신과 가족이 행복하게 사는 방법을 찾아보았습니까?

나는 이제야 방법을 찾아 행복하게 살고 있습니다. 나는 그동안 딸이 성장하는 모습을 보고 싶었습니다. 하지만 직장 생활하는 동안에는 딸의 성장 과정을 보지 못했습니다. 회사 다니는 것만으로도 피곤하고 힘들었기 때문입니다. 정신을 차려 보니 딸이 많이 성장해 있었습니다. 시간이 어떻게 가는 지도 모르게 살았습니다. 내 우선순위도 바뀌어 있었습니다. 그땐 미처 몰랐습니다. 나는 딸을 위해 회사에 다닌다고 생각했습니다. 가족을 위해 회사에 다닌다고 생각했습니다.

그래서 나는 열심히 일하고 있다고 생각했습니다. 회사 그만두고 내 우선순위를 따져 보았습니다. 그야말로 충격적이었습니다. 나는 딸보다 회사를 더 중요하게 생각하고 있었습니다. 내가 딸을 위해 회사에 다니는 것이 아니었습니다. 회사를 그만두고 나서야 우선순위가 바뀌어 있다는 것을 깨달았습니다.

내 삶의 우선순위는 다시 이렇게 바뀌었습니다.

첫째, 나와 가족 모두가 행복해야 한다.
둘째, 사업은 나와 가족을 위해 해야 한다.

사업이 우선시 되는 순간 힘들어지는 것입니다. 왜 사업을 합니까?
당신은 어떤 것을 제일 우선으로 여기고 있습니까?
당신이 행복하다고 느꼈을 때 어떤 마음이었습니까?

내 우선순위는 회사 때문에 바뀌었습니다. 내가 행복을 느끼지 못하는 이유가 여기 있었습니다. 나는 내 우선순위가 이렇게 확실히 정해져야만 행복을 느낄 수 있었습니다.

나는 회사를 그만두고 우선순위가 확실해졌습니다. 당신은 환경에 지배당하지 않습니까? 당신에게는 꿈이 있습니다. 꿈을 이루지 못하는 이유는 바로 환경 때문입니다. 꿈도 환경에 맞춰서 품기 때문에 현실에서 벗어나지 못하는 것입니다. 현실에서 벗어나십시오. 현실에서 벗어나는 순간 그동안 경험하지 못했던 꿈들이 펼쳐질 것입니다.

당신은 우물 안 개구리가 아니라고 생각합니까? 당신의 우물은 회사이고 개구리는 당신이라고 생각하면 찔리지 않습니까? 더 이상 우물에 갇혀 있지 마십시오. 우물에서 당당하게 나오십시오. 그리고 넓은 세계에 당신을 알리십시오. 나와 당신은 넓은 세계에 나갈 충분한 자격이 있습니다. 당신도 나처럼 충분히 할 수 있습니다.

당신도 행복할 자격이 있습니다. 여행도 마음껏 가고 사랑하는 사람도 만나십시오. 그리고 가족과 행복한 시간을 보내십시오. 자녀가 성장하는 모습을 보고 자유를 마음껏 누리십시오.

사업을 위한 사업은 하지 마십시오. 당신과 가족의 행복을 위해 1인 창업 하십시오. 이것이 나와 당신이 행복하게 사는 방법입니다. 하나님께서 나와 당신에게 행복을 주셨습니다. 이제 마음껏 누립시다. 마음껏 행복하십시오.

천재작가 장열정의 이야기와 깨달음 - 제 18 장

직장이라는 숨 막히는 칸막이에서 벗어나라

당신은 직장을 이직하고 싶습니까?

나는 직장을 세 번 이직했습니다. 결국에는 직장을 다니지 않기로 결정했습니다. 나는 1인창업을 했습니다. 직장 생활을 돌이켜보면 행복한 기억이 많지 않습니다. 직장 동료들과 좋은 시간을 보낸 것 빼고는 나에게 좋은 추억이 없습니다.

나는 직장을 그만 둘 때마다 허탈했습니다. 직장을 그만두고 이렇게 생각했습니다. '아, 이제 하나 끝났다.' 이 말은 또 다른 하나가 시작될 것이라는 말입니다. 나는 이렇게 생각했습니다. 직장을 평생 다녀야 한다는 생각뿐이었습니다.

나는 사업할 생각을 하지 못했기 때문입니다. 아예 계획에도 없었습니다. 직장을 그만두고 나는 매번 이런 계획을 세웠습니다.

첫 번째, 일주일간 아무 것도 하지 않고 잠만 실컷 잔다.

두 번째, 2주차에는 마음껏 놀러 다닌다.

세 번째, 3주차에는 다음 직장을 알아보기 시작한다.

네 번째, 4주차에는 면접 보러 다닌다.

다섯 번째, 한 달만 쉬고 다시 취업한다.

나는 세 번의 직장 이직 경험으로 이 계획을 마음속에 심어 놓았습니다. 나도 모르게 그렇게 움직였습니다. 이 계획은 매번 성공적으로 이루어졌습니다. 처음에는 신기했습니다. 하지만 내가 그렇게 움직이고 있었던 것이었습니다. 저절로 움직이고 있었습니다.

나는 나 홀로 해외여행을 가보고 싶었습니다. 다른 사람들은 여행 가기 위해 직장을 그만둔다고 하지만 나는 그렇지 못했습니다. 해외여행을 가고 싶었지만 해외여행 계획이 없었기 때문에 그렇게 움직이지 않았습니다. 계획이 뭐 길래 내 발목을 잡는 것일까요?

나는 놀러 가는 곳도 정해져 있었습니다. 한 번 간 곳이 마음에 들면 계속 그 곳에만 갑니다. 다른 곳을 가지 않습니다. 놀러 간다고 생각하면 그 곳부터 떠올립니다. 그러니 몸이 그렇게 움직입니다. 아무 생각도 없이 차를 끌고 나와서 운전하다 보면 그 곳을 향하고 있었습니다. 새로운 곳에 가보고 싶었습니다. 하지만 귀찮았습니다. 아는 곳만 가게 되었습니다.

나는 귀찮은 것을 매우 싫어했습니다. 마음 편한 것만을 선호했습니다. 확실히 가본 곳이 마음 편합니다. 새로운 곳은 어색해서 적응하는 시간이 필요합니다. 이런 생각 습관과 계획 습관이 나를 이렇게 만들었습니다. 내 귀찮음이 나를 이렇게 만들었습니다.

직장을 그만 두고 부모님께는 말하지 못했습니다. 부모님께서는 내가 한군데 오래 있지 못한다고 좋아하지 않으셨습니다. 부모님께서 불편해 하시는 것이 싫어서 말하지 않았습니다. 아니 내가 불편한 것이 싫어 말하지 않았습니다.

나는 출근 시간에 나와 차를 끌고 무작정 고속도로로 향했습니다. 고속도로는 막히기 시작했습니다. 다른 날 같으면 막힌다고 기분이 좋지 않았을 것인데 그날따라 기분이 좋았습니다. 그 이유는 갈 곳이 정해져 있지 않았기 때문이었습니다.

나는 고속도로 끝까지 가기로 결정했습니다. 시간도 자유롭고 돈도 어느 정도 있었기 때문에 두려움 없이 가기로 한 것입니다. 새로운 곳에 가서 맛있는 것도 먹고 혼자만의 아주 멋진 시간을 상상하며 무작정 달리기 시작했습니다.

내 차는 목포로 향하고 있습니다. 수도권을 지나니 차가 없습니다. 한적 합니다. 봄날이었습니다. 개나리가 피고 산이 너무나 푸릅니다. 마음이 다 맑아지는 것 같습니다. 직장에서 쌓인 스트레스가 한 번에 날아갑니다. 입에는 저절로 웃음꽃이 핍니다. 차를 천천히 운전해도 어느 누구 하나 빨리 가지 않는다고 빵빵거리는 사람도 없습니다. 모두 여유로운 것 같습니다.

나는 너무나 자유롭습니다. '아 그래, 이게 진짜 자유지. 직장에서 스트레스 받으면서 있을 필요 없어. 아 정말 좋다.' 그렇게 멋지게 여행했습니다. 너무나 멋졌습니다. 지금 생각해도 웃음이 절로 납니다.

내 멋진 여행은 한 시간 만에 끝났습니다. 그 이후로 말할 사람도 없고 함께 즐거움을 나눌 사람도 없었습니다. 그래서 전화하기 시작합니다. 친구들에게 한명씩 전화합니다. 친구들은 일 하느라 전화를 오랫동안 못했습니다. 친구들은 나에게 이렇게 말합니다.

"아, 놀러 갔어?"

"응. 너무 좋다."

"아, 너무 부럽다."

"부럽지? 혼자 신나게 달리고 있어. 지금 고속도……."

"아 미안, 들어가서 일해야겠다. 과장님이 불러. 미안. 이따 전화해"

"응. 들어가"

이런 전화를 몇 통이나 합니다. 이젠 전화하기도 싫어집니다. 전화할 때는 당당하지만 전화를 끊고 난 다음에는 급격하게 불안해지기 시작합니다. 이 여행이 끝나고 취업을 해야 하기 때문입니다.

나는 어떤 직장에 가야 하는지 생각하기 시작합니다. '이번엔 어떤 일을 해볼까. 친구 회사는 돈도 많이 주고 일도 쉽다는 데 거기 가볼까.' 이런 저런 생각을 하며 나는 다시 현실로 돌아옵니다. 급격하게 피곤해지고 머리가 아파집니다.

내 차는 매번 가는 나만의 쉼터로 가고 있습니다. 나도 모르게 매번 가는 나들이 장소로 가기 시작합니다. 그 곳에서 마음 편하게 취업 계획을 세우고 싶기 때문입니다. 내 쉼터에 도착했습니다. 아무도 없습니다. 그 좋던 날씨도 갑자기 바람이 불어 서 있기조차 힘듭니다.

나는 차 안에 갇혀 있습니다. 나만의 생각에 갇혀 있습니다. 고속도로 끝까지 갔다면 넓은 마인드를 가지고 돌아왔을 것입니다. 매일 가는 곳과 매일 생각하는 수준으로 생각하니 답답해지기만 합니다.

내 미래는 보이지 않습니다. 나는 그저 그런 사람일 뿐입니다. 매일 보는 것만 보고 매일 생각하는 것만 하기 때문입니다. 나는 칸막이 안에 갇혀 있습니다. 내가 만든 칸막이 안에서 나는 숨 쉬고 놀고 밥 먹고 직장을 옮기고 친구들과 함께 시간을 보냅니다.

당신도 이런 생활을 하고 있습니까?

나는 과감하게 칸막이를 무너뜨렸습니다. 이제 칸막이는 보기도 싫습니다. 이제 나는 넓은 초원과 넓고 넓은 세계에 있습니다. 내가 가는 곳이 내 세계입니다. 모든 것이 나를 위한 것입니다.

나는 직장을 그만두고 넓은 세계에 있습니다. 혹시 당신은 당신이 만든 칸막이 안에 갇혀 있습니까? 그렇다면 이제 그만 나오십시오. 당신이 스스로 만든 칸막이를 당신이 무너뜨리십시오. 답답한 곳에서 나와 공기도 맑고 시원한 바람이 있는 곳으로 나오십시오. 당신의 꿈을 펼칠 수 있는 곳으로 나오십시오.

당신은 자유롭습니다. 당신은 자유로워야 합니다. 하나님께서 우리에게 평화를 주셨습니다. 평화는 칸막이 안에 갇혀 있을 때에는 느끼지 못합니다. 하나님께서 주시는 평화를 누리십시오. 이 세상의 모든 것은 당신의 것입니다. 당신이 선택하면 됩니다.

나는 자유를 선택했습니다. 당신도 절대 칸막이에서 머무르지 마십시오. 칸막이에서 답답한 생활을 하지 마십시오. 갇혀 있지 마십시오. 직장이라는 칸막이에서 탈출하십시오. 지금 자유를 선택하고 그 곳에서 나오십시오. 지금 당장.

천재작가 장열정의 이야기와 깨달음 - 제 19 장

지긋지긋한 면접 그만보고 이제 면접관이 되라

당신은 면접관이 되어 본 적이 있습니까?

나는 직장에서부터 신입사원 면접관이었습니다. 회사는 큰 규모가 아니었습니다. 1인기업에서 일했습니다. 신입사원 채용 계획을 세웠습니다. 드디어 신입사원 면접날이 되었습니다. 사장님은 나에게 면접을 보라고 했습니다. 계획에 없던 것이었습니다.

나는 잠시 머뭇거리다 면접에 들어갔습니다. 내가 면접을 봐야 할 지원자는 5명이었습니다. 나는 부담이 없었습니다. 내가 사장이었다면 부담을 가지고 이것저것 질문했을 것입니다.

첫 번째 지원자가 들어왔습니다. 경력이 나보다 많았습니다. 나는 주눅 들지 않았습니다. 나보다 경력이 많은 사람들을 많이 봤지만 나는 자신이 있었습니다. 면접을 시작했습니다.

"지원하게 된 동기는 무엇인가요?"

"네, 이 분야에 관심이 있었습니다. 그리고 좋아하는 분야입니다. 열심히 해보고 싶어서 지원했습니다."

나는 대뜸 이런 질문을 던졌습니다.

"꿈이 뭐예요?"

"예? 꿈이요?"

지원자는 당황했습니다. 한 번도 생각해보지 않았던 것처럼 당황했습니다. 내가 더 당황했습니다. 나는 꿈을 찾았기 때문에 그렇게 물어봤던 것입니다. 하지만 지원자는 꿈을 찾기 위해 취업하는 것이라고 말했습니다. 직장에서 꿈을 찾고 있었던 것입니다.

"제 꿈은 평범하게 사는 것입니다. 결혼하고 아이도 낳고 평범하게 주부로 살고 싶습니다."

나는 놀랐습니다.

"아 정말 그게 꿈입니까? 평생 그렇게 살면 행복하겠어요?"

"네, 행복할 것 같아요. 다들 그러지 않나요?"

나는 되물었습니다.

"아이들이 다 크면 무엇을 하고 싶나요?"

"쇼핑몰을 운영해 보고 싶습니다. 제가 패션에 관심이 많습니다."

"그럼 왜 평범하게 사는 것이 꿈이라고 했습니까?"

"지금 당장 할 수 없기 때문입니다."

나는 웃으면서 다시 물었습니다.

"왜 지금 당장 할 수 없다고 생각합니까?"

"음…… 하는 방법도 모릅니다. 돈도 없고 용기도 없습니다."

나는 내 이야기를 시작했습니다.

"나는 직장에 다니고 있지만 언젠가는 창업할 것입니다. 그래서 지금부터 준비하고 있습니다. 언제라도 창업할 수 있게 준비 중입니다. 당신도 그렇게 하고 싶지 않나요?"

"네, 그렇게 하고 싶습니다."

"그렇다면 내가 도와주겠습니다. 열심히 일 해보겠습니까?"

"예, 뽑아 주신다면 열심히 해보겠습니다."

나는 여기서 만족할 수 없었습니다. 직장에 뽑히기 위한 단순한 대답을 원했던 것이 아닙니다. 자신의 꿈을 향해 전속력으로 달려가는 마음을 원했던 것입니다. 그런 사람이라면 어떤 일을 하더라도 열심히 할 것이고 책임을 다할 것이라고 생각했습니다. 내가 그랬으니 말입니다. 나는 또 물었습니다.

"정말 꿈을 이루고 싶습니까?"

"네, 이루고 싶습니다. 단순히 면접을 보러 왔는데 말씀하신 것을 들어보니 많은 생각이 듭니다. 저는 꿈을 위해 어떤 것도 준비하고 있지 않았습니다. 정말 열심히 해보고 싶습니다. 직장 일도 그렇고 제 꿈을 이루는 것도 열심히 해보고 싶습니다."

내가 오히려 감동했습니다. 나는 꿈에 대해서 이야기를 해주려고 했습니다. 하지만 지원자가 오히려 지금부터 하고 싶다고 말하니 내가 정말 뿌듯했습니다. 그렇게 첫 번째 지원자의 면접이 끝났습니다.

두 번째 지원자가 들어왔습니다. 나는 같은 이야기를 했습니다. 두 번째 지원자는 부담스럽다고 했습니다. 단순히 직장 일만 열심히 하고 싶다고 했습니다. 나는 바로 면접을 끝냈습니다.

세 번째 지원자가 들어왔습니다. 또 같은 이야기를 했습니다. 세 번째 지원자는 자신의 꿈이 명확했습니다. 마음의 준비도 되어 있었습니다. 내 마음에 쏙 들었습니다. 어떤 일을 주더라도 열심히 할 것 같았습니다. 그래서 마음의 결정을 했습니다.

그리고 네 번째, 다섯 번째 면접을 끝내고 바로 결정했습니다. 세 번째 지원자로 결정했습니다. 나는 바로 전화했습니다.

"축하합니다. 합격했습니다. 다음 주부터 출근할 수 있나요?"

"감사합니다. 다음 주부터요? 제가 내일 다른 면접이 있어서 내일 결정하면 안 될까요?"

나는 아쉬웠지만 이렇게 대답했습니다.

"아닙니다. 그럼 그 회사 면접을 보시고 회사에 취직하세요. 우리는 다른 직원을 채용하겠습니다. 좋은 회사에 취직하시길 바랍니다."

"네? 지금 결정해야 하나요? 내일 결정하고 싶은데……"

"아닙니다. 오히려 결정하는 데 혼란이 있을 겁니다. 편히 면접을 보시는 것이 도움 될 것입니다. 우리는 다른 지원자도 많습니다."

나는 자신감이 있었습니다. 그 직원이 다음 주에 올 것이라는 확신이 있었습니다. 그래서 강하게 말했습니다. 내 생각대로 됐습니다.

"네, 다음 주부터 출근하겠습니다. 내일 면접을 취소하겠습니다. 열심히 하겠습니다. 감사합니다."

신입사원은 정해진 날짜에 출근했습니다. 신입사원은 내 예상대로 일을 잘했습니다. 책임감도 강했고 꿈을 향해 나아가고 있었습니다. 지금도 그 회사에 다니고 있습니다. 내가 그만둔 후 내 역할을 하고 있습니다. 참 뿌듯합니다.

나는 이 경험을 통해 몇 가지 깨달음을 얻었습니다.

첫째, 회사는 꿈을 이루기 위한 준비 과정입니다.

회사에서 꿈을 이룬 이야기를 들어보았습니까? 간혹 들리기는 합니다. 하지만 결국에는 자신의 회사를 창업합니다. 회사에서 당신의 꿈을 찾으십시오. 당신의 꿈을 찾았다면 과감하게 직장을 그만두고 1인 창업을 하십시오. 당신의 꿈을 찾아 가십시오.

둘째, 회사도 당신이 선택하는 것입니다.

나는 내 꿈에 도움이 되는 직장에 들어갔습니다. 세 번의 직장 모두 나에게 엄청난 도움이 됐습니다. 회사를 잘 선택하십시오. 회사가 당신을 선택하는 것이 아니라 당신이 회사를 선택하는 것입니다.

셋째, 꿈은 하나님과 함께 이루는 것입니다.

내 꿈은 하나님께서 주셨습니다. 내 꿈은 하나님의 사랑을 전하는 일입니다. 평생 하나님의 사랑을 전할 것입니다. 어렵고 힘든 사람들이 진정으로 행복하게 살 수 있도록 하나님의 사랑을 전할 것입니다. 하나님을 믿는 것이 가장 큰 축복입니다. 하나님과 함께 하는 것이 가장 큰 행복입니다.

당신은 어떤 마음으로 회사에 들어갔습니까?

당신도 꿈이 있지 않습니까? 당신의 꿈은 무엇입니까?

나는 꿈을 위해 직장을 그만두었습니다. 그리고 '장열정의 1인창업연구소'를 설립했습니다. 나는 꿈을 이루었습니다. 나는 당신이 꿈을 이룰 수 있도록 도와줄 것입니다. 나는 나에게 찾아오는 많은 고객들에게 꿈에 대해 이야기합니다.

하나님은 당신의 꿈을 아십니다. 당신을 향한 모든 계획이 이미 있습니다. 하나님께 기도해 보십시오.

"하나님, 내 꿈은 무엇입니까?"

"하나님, 내 꿈을 알고 싶습니다. 알려주세요."

하나님을 믿는 자에게는 꿈을 보여주십니다. 나는 세계적인 사업가, 강연가, 작가로 이끌어 주고 계십니다. 나는 꿈을 단기간에 이루었습니다. 믿고 움직이니 저절로 그렇게 되었습니다.

나는 부요합니다. 하나님께서 함께 하시기 때문입니다. 하나님께서는 모든 만물의 창조주이십니다. 창조주에게는 불가능이 없습니다. 나는 하나님의 자녀입니다. 하나님의 자녀에게는 불가능이 없습니다. 하나님은 나와 항상 함께 하시기 때문입니다.

   나는 정말 행복합니다. 당신도 나처럼 행복하게 사십시오. 이제 직장에서 면접 보지 말고 당신의 회사에서 면접관이 되십시오. 당신이 창업하여 행복한 삶을 살 차례입니다.

천재작가 장열정의 이야기와 깨달음 - 제 20 장

직원의 위치에서 사장의 위치로 옮겨라

당신은 직장에서 사장처럼 일하고 있습니까?

나는 직장에서 사장처럼 일했습니다. 사장님이 출근하지 않아도 회사가 운영될 정도로 사장처럼 일했습니다. 그래서 나는 회사에 대한 깊은 애착과 책임감이 있었습니다.

신입사원은 나를 사장으로 여기고 따랐습니다. 하지만 회사는 내 것이 아니었습니다. 사장의 것이었습니다. 나에게 돌아오는 것은 계약서에 작성한 연봉뿐이었습니다.

나는 힘이 빠지고 있었습니다. 사장처럼 일해도 사장만큼 돈을 버는 것이 아니기 때문이었습니다. 나는 내가 사장처럼 일하기 때문에 특별한 것을 원했습니다. 다른 직원에게 주어지지 않는 아주 특별한 대우를 원했습니다. 하지만 다른 직원들과 같은 대우를 받는다고 생각했습니다. 그래서 만족하지 못했습니다.

나는 사장처럼 일한다는 것이 힘들다고 생각했습니다. 이런 생각도 사장이 아닌 직원처럼 생각하는 것이었습니다. 그땐 월급만 생각하면 억울했습니다. 그땐 월급밖에 보이지 않았기 때문입니다. 그 이외에 많은 축복을 받게 되었는데도 말입니다. 매일 사장처럼 일했기 때문에 얻는 유익이 있었습니다. 나는 사장이 되는 준비를 따로 하지 않고 퇴사 후 바로 사업을 시작할 수 있게 되었습니다. 매일 사장이 되는 연습을 했던 것입니다.

그때는 내가 축복받고 있다고 생각하지 못했습니다. 아니 그렇게 생각되지 않았습니다. 하지만 직장을 그만두고 알게 되었습니다. 나는 많은 축복을 받고 있었습니다.

나는 이러한 사실을 뒤늦게 깨달았습니다. 만약 내가 직장에 계속 머물렀다면 직장이 발전하지 않았을 것입니다. 오히려 나로 인해 발전하지 못했을 것입니다. 내가 무기력하게 일하고 있었기 때문입니다.

당신은 직장에서 정당한 대우를 받지 못한다고 느낀다면 계속해서 사장처럼 일할 수 있겠습니까?

나는 더 이상 그렇게 일하지 못했습니다. 그렇게 직장을 떠났습니다. 그것이 회사를 위한 일이었습니다. 내가 자리만 차지한다고 회사는 발전하지 않습니다. 고인 물은 썩기 마련입니다. 나 때문에 회사가 썩을 수도 있습니다. 그래서 과감하게 퇴사를 선택했습니다.

나는 회사를 잘 떠났습니다. 회사를 위해서도 사장님을 위해서도 다른 직원을 위해서도 잘한 선택입니다. 무엇보다 나를 위한 최고의 선택이었습니다. 한순간도 후회한 적이 없습니다.

나는 내가 도움이 되지 않는 곳에 머무르고 있다면 나는 그 곳을 바로 떠납니다. 많은 사람들이 나 때문에 불편해 하는 것이 싫습니다. 나도 성장하지 못하고 사람들도 발전 없이 머물러 있는 것이 두렵습니다. 당신도 그렇지 않습니까?

당신도 누군가 당신으로 인해 불편해 하거나 그 사람이 발전 없이 머물러 있다면 그 곳에 머물러 있을 수 있겠습니까?

나는 주저 없이 바로 떠납니다. 떠나는 순간에는 손가락질 당할 수도 있습니다. 하지만 떠난 뒤에 그보다 더 좋은 것으로 채우시는 하나님의 방법을 알기 때문에 나는 주저 없이 떠납니다.

나는 회사를 떠나면서 하나님의 방법을 깨달았습니다. 예수님께서도 한자리에 머무르지 않으시고 돌아다니시면서 복음을 전하셨습니다. 불편한 자리, 믿음 없는 자리에서 오래 머물지 않으셨습니다.

나는 직원이 아니라 사장처럼 일한 경험을 통해 하나님의 방법을 깨달았습니다. 회사를 통해 하나님의 은혜를 깨닫게 해주심에 감사할 따름입니다.

당신은 회사를 하나님의 방법으로 다니고 있습니까?

나는 하나님의 방법이 무엇인지 깨달았습니다.

첫째, 하나님의 사랑을 전하는 것이 가장 큰 행복입니다.

직장 생활에서 하나님의 사랑을 전할 수 없다는 것이 가장 힘들었습니다. 하지만 이것은 내 마음의 문제였습니다. 점심시간에 기도할 때 눈치 보는 일은 기본이었습니다. 기도는 눈치 보는 것이 아니라 축복입니다.

둘째, 내가 하고 싶은 일을 하는 것이 진짜 행복입니다.

직장에서는 내가 하고 싶은 일을 할 수 없습니다. 그렇게 했다가는 사장처럼 일하는 사람도 쫓겨납니다.

셋째, 하나님께서 내가 하고 싶은 일을 통해 전도하게 하십니다.

결국 하나님께서는 내가 하고 싶은 일로 전도하게 하셨습니다. 내가 가장 잘하는 일을 통해서 하나님의 사랑을 전할 수 있게 되었습니다. 나는 너무나 행복합니다.

당신은 회사를 무엇 때문에 다닙니까?

나는 행복하기 위해 회사를 그만두었습니다. 회사를 그만두니 행복합니다. 나는 하고 싶은 것을 모두 합니다. 지금 자고 싶으면 자면 그만이고 놀고 싶으면 놀면 됩니다. 가족과 함께 시간을 보내고 싶으면 시간을 보내면 됩니다. 얼마나 자유롭습니까?

지금은 이런 일들이 자연스럽습니다. 직장에서는 자연스러운 일이 아니라 월차나 연차를 써야 하는 특별한 일들입니다. 당신은 당신에게 평범한 일이 특별한 일로 여겨지길 원합니까? 나는 평범하게 살고 있습니다. 평범하게 사는 것이 큰 축복입니다. 당신도 그렇게 하십시오. 당신도 할 수 있습니다.

당신은 두렵습니까? 무엇이 두렵습니까? 당신의 인생이고 당신의 행복입니다. 남의 시선 따위는 쓰레기통에 갖다 버리고 이제 당신의 진짜 인생을 찾으십시오. 그것이 당신의 인생이라는 회사에서 사장처럼 사는 것입니다. 당신의 회사에서 사장이 되십시오. 지금 당장 시작하십시오.

천재작가 장열정의 이야기와 깨달음 - 제21장

1인창업을 위해 지금 당장 저질러라

당신은 창업을 언제 하고 싶습니까?

나는 창업해야겠다고 마음먹고 바로 준비했습니다. 처음에는 어설프고 속도도 나지 않습니다. 하지만 시작을 빨리 해야 합니다. 그리고 속도를 높여야 합니다.

나는 3개월도 걸리지 않았습니다. 더 빨리 할 수 있었지만 직장인이었기 때문에 단기간에 진행할 수 없었습니다. 그래서 진행을 많이 하지 않았습니다. 하루아침에 직장을 그만두고 다음 날부터 빠른 속도를 내기 시작했습니다. 실제로 빠르게 준비했다면 한 달 만에 가능했을 것입니다. 아니 그보다 더 빨랐을 것입니다.

자신의 꿈을 향해 달려가는 사람은 어느 누가 막는다 해도 막을 수가 없습니다. 쉬었다가 하라고 해도 쉬지 않습니다. 잠도 오지 않습니다. 꿈을 향해 힘껏 달리고 싶기 때문입니다. 설레기 때문입니다.

당신은 이렇게 설레 본 적이 있습니까?

나는 이렇게 설렌 적이 몇 번 있습니다. 부모님께서 내 첫 자동차를 사주셨을 때, 결혼 할 때, 집을 살 때, 딸이 태어났을 때, 그리고 마지막으로 창업을 준비할 때입니다.

나만의 경험과 깨달음으로 창업한다는 것이 너무 설렜습니다. 나는 너무 설레서 잠도 못 잤습니다. 창업을 준비하는 것이 정말 즐거웠습니다. 꿈을 향해 달려간다는 것이 이렇게 보람차고 행복한 일인지 그때서야 알게 되었습니다.

당신도 나처럼 이런 행복을 느끼고 싶지 않습니까?

당신도 나처럼 시작하면 됩니다. 정말 쉽습니다. 재미있습니다. 지금 당장 직장을 그만두지 않아도 시작할 수 있습니다. 실제로 그렇게 하는 고객도 있습니다. 지금 바빠서 못하겠다고 하면 하루에 1시간만 투자하면 됩니다.

나는 이렇게 쉬운 방법이 있는데 어려운 방법으로 창업하는 이들을 보면 참으로 안타깝습니다. 나는 그들에게 도움을 주어야만 합니다. 나처럼 힘든 경험을 하지 않도록 도와주어야 합니다.

그들도 나와 같은 힘든 경험을 할 필요가 없습니다. 힘든 경험은 피할 수 있다면 피하는 것이 좋습니다. 처음부터 좋은 길로 가면 그런 경험이 필요 없게 됩니다. 사람들은 힘들어 봐야 알 수 있다고 합니다. 왜 굳이 힘들어야 압니까? 좋은 방법을 알려주면 그대로 하면 되는 것을 왜 힘들어야만 합니까?

나는 피할 수 있다면 피하는 것이 좋다고 생각합니다. 내 작은 아버지는 군인입니다. 평생 군인이라는 직업으로 살아오셨습니다. 나는 군 입대를 두 번 했습니다. 한 번은 현역병으로 입대했지만 다시 재검사를 받고 오라는 명령을 받고 집으로 돌아왔습니다. 두 번째 입대는 보충역으로 훈련소에 다시 입대했습니다.

작은 아버지는 나에게 이렇게 이야기했습니다.

"작은 아빠, 저 군대 꼭 현역으로 가고 싶어요."

"왜 그러고 싶니?"

"창피해요. 남들 하는 것처럼 하고 싶어요."

"피할 수 있으면 피하는 게 낫단다."

"왜요?"

"여기서는 하지 못하는 것들을 2년 동안 자유롭게 할 수 있잖니. 남들은 그렇게 하고 싶어도 못해. 남들에게 주어지지 않는 2년의 세월을 번거야. 자유롭게 네가 하고 싶은 일을 하렴."

나는 정신이 바짝 들었습니다. 누군가에게는 고통의 시간이 될 2년을 자유롭게 보내게 된 것입니다.

고통의 시간은 피할 수 있으면 피하는 것이 좋습니다. 나는 내가 고통을 겪지 않아도 되는 것은 다른 방법을 찾습니다. 굳이 힘들게 고통을 경험할 필요가 없기 때문입니다. 나는 자녀에게도 이렇게 말해 줄 것입니다. 내 고객에게도 마찬가지입니다.

"피할 수 있는 고통은 피하십시오."

정말 그 경험이 필요한 사람은 꼭 해야 합니다. 그 고통으로만 그 사람이 성장할 수 있다면 고통을 겪어서 성장해야 합니다. 하지만 그럴 필요가 없다면 과감히 피하십시오. 고통에 맞서지 마십시오. 당신만 지칠 뿐입니다.

나는 많은 사람들에게 창업을 지금 당장 시작하라고 말합니다. 기다릴 필요 없습니다. 빨리 시작해야 수정도 할 수 있습니다. 나는 수정하는 것을 좋아합니다. 처음부터 제대로 나오는 것은 별로 없습니다. 하다 보면 깨닫는 것이고 하다 보면 고쳐지는 것입니다.

처음부터 완벽하게 좋은 결과가 나오는 것은 없습니다. 내가 했던 일 중에도 처음부터 완벽하게 좋은 결과가 나온 것은 없었습니다. 빠르게 결과를 내놓으면 더 좋은 방향으로 수정할 수 있기 때문에 나는 단기간에 모든 것을 끝내 버리는 편입니다.

지금 당장 시작하십시오. 주저하지 말고 지금부터 창업 준비를 하십시오. 당신의 계획들은 언젠가 수정이 될 것이고 보완이 될 것입니다. 처음부터 수정과 보완이 될 수 없다는 것도 당신이 가장 잘 알 것입니다. 일단 저지르십시오. 010.6567.6334로 문자를 보내십시오. 창업은 저지르는 것입니다.

천재적인 1인창업 원리를 배워서 시작하십시오. 지금 당장 저지르면 꿈이 이루어집니다. 당신에게 돌아오는 것은 고통이 아닌 꿈을 향한 열정과 희망일 것입니다. 그리고 1인창업은 당신이 가장 행복하게 사는 방법입니다. 내가 행복하게 살고 있기 때문입니다.

당신도 당신의 꿈을 위해 지금 당장 저지르십시오.

천재작가 장열정의 이야기와 깨달음 - 제 22 장
창업 무조건 단기간에 준비하라

당신은 창업을 단기간에 준비하고 싶습니까?

나는 단기간에 1인창업을 했습니다. 직장 생활을 하는 동안에 매일 1시간에서 3시간 동안 창업 준비를 했습니다. 사실 창업 시기가 정확하게 정해진 것이 아니었습니다. 창업할 때가 되면 바로 창업할 수 있도록 준비하고 있었던 것입니다.

나는 직장을 그만 둘 생각이 없었습니다. 창업과 직장을 병행하려고 했습니다. 직장을 그만두기에는 불안하고 창업을 하기에는 용기가 없었습니다. 언젠가 창업을 할 것이지만 보다 완벽하게 준비한 다음 제대로 시작하고 싶었습니다.

나는 창업 실패 경험이 있습니다. 전혀 준비가 되지 않은 상태에서 사업을 시작했습니다. 내가 원하는 창업은 아니었습니다. 단순히 내 매장을 운영해 보고 싶은 생각에 무작정 뛰어들었습니다. 직장도 어쩔 수 없이 서둘러 그만두었습니다.

이런 실패 경험이 나를 두렵게 했습니다. 직장에서도 충분히 그만큼의 역할을 수행하고 있었지만 나에게는 충분한 실력이 없다고 생각했습니다. 내가 그렇게 생각하고 싶었습니다. 혼자 창업했다가 두 번째 실패로 이어지는 것에 대한 두려움이 컸기 때문입니다.

나는 창업 실패 후 혼자만의 시간을 많이 가졌습니다. 많이 힘들었습니다. 순간순간 위험한 생각도 많이 했습니다. 나는 그런 시간을 또 보낼까 봐 두려웠습니다. 그래서 나는 가족 같은 친구와 형과 함께 동업을 시작했습니다.

동업에 대한 정확한 계획도 없었습니다. 각자 직장을 그만두면 서서히 시작하기로 했던 것입니다. 그렇게 3개월 동안 아무런 계획 없이 창업을 준비했습니다. 그러니 진행되는 것은 아무것도 없었습니다. 3개월 동안 피곤만 쌓였습니다.

그러던 어느 날 나는 내 얼굴과 이름을 내걸고 사업을 본격적으로 시작해야겠다는 생각이 들었습니다. 하지만 나는 직장인이었습니다. 그래서 바로 다음날 사장님과 면담을 했습니다.

"사장님, 제가 제 얼굴과 이름을 걸고 사업을 하고 싶습니다. 직장에 영향이 없게 진행하겠습니다. 그냥 진행할 수도 있지만 그건 제 마음이 찔려서 못하겠습니다. 당당하게 시작하겠습니다."

사장님은 너무 놀라셨습니다. 사장님께서 회사의 운영을 모두 나에게 맡긴 상태였기 때문입니다. 나는 회사를 계속해서 운영하고 싶었습니다. 그래서 둘 다 놓치고 싶지 않았습니다. 내가 사장이라도 같은 결정을 했을 것입니다.

"자네의 생각을 충분히 알겠고 자네 의견을 존중하네. 하지만 자네가 그렇게 하겠다고 하면 나로서는 더 이상 해줄 말이 없네. 창업할 것이라면 나와 함께 일을 할 수 없을 것 같네."

"네, 알겠습니다. 제 생각은 회사 운영에 차질이 없게 둘 다 진행하려고 했지만 저도 제 사업을 하는 것이 나을 것 같습니다. 사장님께서 그동안 신경 많이 써 주셔서 감사했습니다. 집도 살 수 있도록 도와주셔서 정말 감사했습니다. 사장님에 대한 감사는 잊지 않겠습니다. 회사의 발전을 위해서 기도하겠습니다."

여러 가지 이야기가 있지만 이 대화로 모든 것이 요약될 것 같습니다. 나는 최선을 다했습니다. 하지만 길이 달랐습니다. 사장님과 비전이 달랐습니다. 나는 직원일 뿐이었습니다.

나는 그 날 이후로 내 얼굴과 이름을 내걸고 '장열정의 1인창업연구소'를 설립했습니다. 나에게는 계획도 없었습니다. 나는 직장을 그만둔 다음 날부터 일하기 시작했습니다. 무작정 달리기 시작한 것입니다. 끝도 없이 달렸습니다. 새벽까지 일했습니다. 밤새 일했습니다.

나에게는 가족이 있었기 때문입니다. 가족의 생활비를 위해서 뒤돌아 볼 여유도 없었습니다. 밤낮없이 노예처럼 일했습니다. 나는 직장에서도 가장 열심히 일하는 직원이었지만 이 정도로 열심히 일해 본 적이 없었습니다. 정말 열심히 했습니다.

나는 창업을 했지만 직장에서보다 더 노예처럼 일하고 있었습니다. 하지만 이제 더 이상 노예처럼 일하지 않기로 했습니다. 나는 직장 생활이 싫어서 창업을 했습니다. 하지만 내가 만든 직장에서 직장인보다 더 노예처럼 일하고 있었습니다. 내가 직원을 고용했다면 직원은 나보다 더 힘들어 했을 것입니다. 나는 직장에서 결심한 것이 있습니다.

'직원이 일하기 좋은 환경을 만드는 사장이 되어야겠어.'
'나는 저렇게 일을 시키지 않을 거야. 편하게 일하게 해 줄 거야.'

하지만 내가 일하는 방식으로는 절대 그럴 수 없다는 것을 깨달았습니다. 내가 먼저 일하는 습관을 바꿔야 했습니다. 내가 먼저 일을 많이 해서 돈을 벌자는 생각을 고쳐야 했습니다.

나는 마인드부터 변화되었습니다. 바로 하나님의 은혜로 말입니다.

나는 온전한 복음을 깨달았습니다. 나와 당신은 하나님의 자녀입니다. 하나님은 만왕의 왕이십니다. 나와 당신은 왕의 자녀입니다. 그러므로 왕처럼 일하고 왕처럼 창업해야 합니다.

나는 천재멘토에게 코치 받았습니다. 천재처럼 일하는 방식을 배웠습니다. 일을 많이 한다고 돈을 많이 버는 것이 아닙니다.

나는 예전 노예 마인드를 모두 버렸습니다. 나는 그렇게 일하지 않을 것입니다. 내가 직원을 고용했다면 나는 최악의 사장이었을 것입니다. 나는 이제 하나님의 지혜로만 사업할 것입니다. 하나님의 방법대로만 사업을 할 것입니다.

나는 하루에 1시간에서 3시간만 일하고 돈을 벌 것이며 하루에 1시간만 일해도 며칠 동안 일한 성과를 낼 것입니다. 가능하지 않을 것 같습니까? 나도 그럴 것 같았습니다. 하지만 내가 그동안 해 오던 모든 것을 멈추고 하나님의 방법대로 일하니 그것이 가능해졌습니다.

당신은 어떤 방법으로 일하고 있습니까?

나는 내 방법대로 일하지 않습니다. 하나님의 방법대로 일하면서 많은 성과를 내고 있습니다. 나는 일을 빨리 하는 편이고 잘하는 편이었지만 그것 또한 나를 혹사시키는 것이었습니다. 나는 내 건강까지 관리하기로 했습니다.

당신도 그렇게 하십시오. 일을 많이 하는 것은 좋지 않습니다. 일을 많이 하면 건강이 나빠지게 됩니다. 건강이 나빠지면 다른 어떤 것도 누릴 수 없게 됩니다. 돈을 많이 벌어 놓으면 무엇을 하겠습니까? 다 누리지도 못합니다. 열심히 돈 벌어서 이제 누릴 때가 되면 아프기 시작합니다. 몸이 아프면 무슨 소용이 있겠습니까?

당신이 그렇게 일하고 있다면 멈추십시오. 당신의 건강부터 돌보십시오. 그리고 하루에 3시간만 일하는 방법과 하루에 1시간만 일해도 10년 동안 일한 성과를 내는 방법을 나에게 배우십시오. 이것이 하나님의 방법입니다. 하나님은 우리에게 건강을 주셨습니다. 그래서 나는 건강합니다. 당신도 건강해야만 합니다.

    사람들은 건강을 잃고 후회합니다. "그때 몸 관리를 할 걸" "몸부터 신경 쓸 걸"이라는 말을 많이 합니다. 지금부터 그렇게 해야 합니다. 열심히 노예처럼 일하면 몸이 남아나질 않습니다. 이제 그 모든 것을 멈추십시오. 그리고 건강하게 일하십시오.

    건강하게 일하는 방법을 나에게 배우십시오. 당신의 건강과 당신의 사업을 위해 투자하십시오. 당신의 투자가 당신의 10년의 세월을 버는 것입니다. 당신의 건강을 지키는 것입니다. 다른 것에 투자하지 말고 당신의 건강에 투자하십시오. 당신은 건강하게 살아야 합니다.

천재작가 장열정의 이야기와 깨달음 - 제 23 장
프랜차이즈를 버리고 평생 직업을 가져라

당신도 프랜차이즈를 하고 싶습니까?

나는 프랜차이즈 본사를 창업할 것입니다. 내 고객 중에는 프랜차이즈를 해본 경험이 있거나 프랜차이즈를 할 계획이 있는 사람들이 많았습니다. 나는 그들을 말렸습니다. 모두 내 말을 들었습니다.

나는 프랜차이즈를 하고 싶다면 본사를 창업하라고 말합니다. 왜 가맹점을 합니까? 이미 시작할 때 결과가 나온 것입니다. 본사의 운영 방침대로만 운영해야 하고 발전과 성장도 본사가 해야만 합니다. 짧은 시간 동안에만 사업하실 겁니까?

한번은 이런 이야기를 들었습니다. 내게 코칭을 받기 위해 찾아온 32세 청년의 이야기입니다. 청년은 프랜차이즈 가맹비를 모아야 한다고 지방에 내려갈 예정이라고 했습니다. 청년의 친구는 이미 준비를 마쳤다고 했습니다. 그래서 나는 물었습니다.

"가맹비가 얼마나 필요합니까?"

"5천만 원 이상 필요합니다."

"그럼 얼마나 모은 다음 서울로 올 생각입니까?"

"친구와 동업할 것이라 1억 정도 모은 후에 올라올 계획입니다."

"그럼 그렇게 하겠어요?"

청년은 당황해 하면서 이렇게 이야기했습니다.

"그렇게 하기 정말 싫습니다. 그 돈을 모은 후 프랜차이즈를 진행한다고 해도 그 돈은 버린 거라고 생각합니다. 저는 그 돈을 투자해서라도 경험을 해보고 싶었습니다."

나는 내 이야기를 해주었습니다. 나는 돈을 길바닥에 버리지 말라고 이야기했습니다. 그 돈으로 차라리 좋은 일을 하는 것이 좋은 경험이라고 조언했습니다.

"그런 경험은 안 해도 됩니다. 많은 사람들이 그런 경험을 하고 재기하지 못하고 있습니다. 꼭 그 길을 가야겠습니까?"

"아닙니다. 장열정 회장님께서 다른 방법을 알려주시면 그렇게 해보고 싶습니다."

"그럼 내가 하라는 대로 해보겠어요?"

"네, 어떤 방법인가요?"

"자신만의 탁월한 재능으로 1인창업을 하는 방법입니다. 내가 그렇게 했습니다. 나처럼 창업하는 것과 프랜차이즈로 창업하는 것이 무엇이 다른 것 같습니까?"

"엄청나게 다르지요. 정말 저도 그렇게 할 수 있나요?"

나는 대화가 끝나자마자 코칭 등록을 한 후에 1인창업 원리를 공개했습니다. 이 청년은 현재 직장을 그만두겠다고 말한 후에 퇴사를 기다리고 있습니다.

나는 코칭이 끝난 후 매우 뿌듯했습니다. 엄청나게 힘든 길을 가려는 청년의 어려움을 도와주었기 때문입니다. 청년도 나에게 고마워했습니다. 청년은 내 방법대로 창업하겠다고 약속했습니다.

나는 프랜차이즈에 대한 이야기를 너무도 많이 들었습니다. 성공 사례는 대부분 프랜차이즈 본사의 이야기입니다. 돈 없는 청년들이 힘들게 돈을 모아 프랜차이즈를 하는 것보다 자신의 경험과 깨달음으로 1인창업하는 것이 100배, 1000배 더 좋은 방법이라고 확신합니다.

1인창업 원리만 알면 누구나 할 수 있습니다. 프랜차이즈 가맹점으로 가입하지 말고 프랜차이즈 본사를 창업하십시오.

당신의 귀중한 자산을 불확실한 미래에 모두 투자하고 싶습니까?

이런 위험한 창업은 하지 않는 것이 낫습니다. 절대로 단기간에 끝나는 창업은 하면 안 됩니다. 하지만 투자한 것보다 더 많은 수익 낼 수 있다면 괜찮습니다. 그렇지만 이것 또한 비효율적입니다.

나는 비효율적인 창업 코칭을 하지 않습니다. 평생 직업을 가질 수 있는 천재적인 코칭을 합니다. 당신이 어떻게 직장을 그만두었는데 단기간에 끝나는 창업을 합니까? 당신이 그토록 힘들게 결정해서 직장도 가지 않고 창업했는데 그렇게 허무하게 끝냅니까?

이제 평생 직업을 가질 수 있는 1인창업을 하십시오. 당신의 이름으로 1인기업을 세우십시오. 그 모든 노하우를 나에게 배우십시오. 평생 자유롭게 당신의 일을 하십시오. 나는 그렇게 평생 행복하게 살 것입니다. 나는 지금 누구보다 가장 행복하게 살고 있습니다. 당신도 나처럼 행복한 삶을 사십시오. 평생 하고 싶은 일만 하며 행복하게 사십시오. 평생 좋아하는 일을 하며 행복하게 사십시오.

천재작가 장열정의 이야기와 깨달음 - 제 24 장

벤치마킹하지 말고 당하는 사람이 되라

당신은 마인드가 중요하다고 생각합니까?

나는 마인드가 가장 중요하다고 생각합니다. 나는 창업 방법을 많이 알고 있습니다. 많은 노하우도 있습니다. 하지만 그 방법과 노하우를 제대로 사용하는 것은 마인드 문제라고 생각합니다. 마인드가 충만하지 못한 사람들은 내가 알려준 방법과 노하우를 사용하지 못합니다. 대부분 그렇습니다. 왜 그럴까요?

나는 코치할 때 마인드를 가장 강조합니다. 실제로 고객들은 마인드 변화를 힘들어합니다. 그동안 생각하던 방식이 아닌 억만장자 마인드로 생각하고 행동하고 말해야 하니 힘들어합니다. 나도 처음에는 힘들었습니다.

나는 벤치마킹으로 1인창업을 시작했습니다. 성공 모델을 정해서 그대로 따라 하기 시작했습니다. 나는 잘 나간다고 하는 1인기업가를 그대로 따라 했습니다.

나는 벤치마킹을 굉장히 잘합니다. 그래서 벤치마킹하는 방법도 코치하기로 했었습니다. 벤치마킹하는 법을 코치하기 위해서 발표 자료를 작성하고 있는데 문득 이런 생각이 들었습니다.

'아, 벤치마킹은 단순히 보이는 것만 따라 하는 것이 아니구나. 그 사람의 마음까지 읽어야 하는구나, 그래야만 벤치마킹을 제대로 하는 것이구나.'라는 생각을 했습니다.

그 전까지는 방법적인 것만 따라 하면 된다고 생각했습니다. 나도 실제로 그렇게 하는 것 같았습니다. 하지만 아니었습니다. 나는 글 하나하나를 보면서 그 사람의 마음 상태와 이 글을 쓴 이유에 대해 고민을 했습니다. 말투도 유심히 보았습니다.

눈에 보이는 것만 따라 하는 것이 아니라 그 사람의 생각을 어느 정도 읽었다고 생각했을 때 하나씩 따라 하기 시작했습니다. 그저 똑같이 따라 하면 하루 만에 할 수 있었지만 나는 그렇게 하지 않았습니다. 하나씩 완벽하게 따라 해보고 싶었습니다. 그 사람이 성공의 길을 닦아 놓았으니 나는 그만큼을 그대로 따라가고 그 다음부터는 내 방식대로 갈 생각이었기 때문입니다.

실제로 이 방법은 너무나 성공적이었습니다. 내가 벤치마킹하던 곳에서 내가 똑같이 따라 한다고 나를 쫓아냈습니다. 나는 황당했지만 한편으로는 정말 기뻤습니다. 이것은 내가 시작한 지 한 달도 되지 않았을 때의 일입니다. 지금 생각해도 기분이 좋아집니다. 얼마나 잘 따라 했으면 나를 쫓아냈겠습니까?

잘 따라 하지 못하는 초보라면 귀엽게 여겨서 그대로 두었을 것입니다. 어디까지 따라 할 수 하는지 지켜보는 것도 그에게는 재미있는 부분이었겠지만 그는 그렇게 하지 않았습니다. 그는 내가 두려웠기 때문에 나를 쫓아 낸 것입니다. 신기하지 않습니까?

나는 이렇게 벤치마킹을 잘합니다. 사업을 가장 빠르게 성공하는 방법은 벤치마킹한 후에 자신만의 경험과 노하우를 적용하는 것이라고 생각했습니다. 가장 빠르게 수입을 올릴 수 있고 가장 빠르게 자리를 잡을 수 있다고 생각했습니다.

벤치마킹은 마인드를 따라 하는 것입니다. 마인드를 닮아 가려고 노력하다 보면 어느 정도 수준이 되었을 때 그 사람을 찾지 않게 됩니다. 나도 그랬습니다. 이미 그를 뛰어넘었다고 생각하기 때문입니다.

나는 이렇게 교육을 하고 있었습니다. 하지만 이제 이렇게 교육하지 않고 일대일 코칭을 합니다. 하루 몇 시간 만에 모든 것을 전수합니다. 돌려서 말하지 않고 전부 알려줍니다. 내가 하는 방법과 노하우대로만 하면 가장 빠르게 사업을 성공적으로 이끌 수 있습니다. 나는 많은 사람들을 연구했습니다. 나는 많은 곳을 분석했습니다.

당신은 그런 시간을 투자할 필요 없습니다. 단 한 시간의 코치로도 충분히 그렇게 될 수 있기 때문입니다. 너무나 간단한 일입니다. 하지만 마인드를 따라오지 못하면 모든 방법과 노하우를 사용할 수 없게 됩니다.

천재적인 1인창업 원리를 1시간 만에 배우고 마인드를 성장하는 연습을 매일 꾸준히 한다면 누구보다 빠르게 1인창업을 성공시킬 수 있습니다. 12주 교육을 들을 필요도 없습니다. 하루 1시간만으로도 충분히 할 수 있습니다.

나는 이를 통해 깨달은 것이 있습니다.

첫째, 벤치마킹은 그 사람의 마음을 읽는 것이다.
둘째, 벤치마킹할 상대를 잘 골라야 한다.
셋째, 마인드는 성경을 통해 성장해야 한다.
넷째, 성령 충만해야만 한다.

나는 벤치마킹하면서 많은 깨달음을 얻었습니다. 바로 성령 충만해야 한다는 사실입니다. 성공한 사람들에게 찾지 마십시오. 하나님의 말씀인 성경에서 찾으십시오.

하나님의 말씀을 읽고 깨달음을 쓴 천재들의 책을 읽으십시오. 천재들은 남의 이야기를 하지 않습니다. 오직 성령 충만으로 깨달음을 쓴 책을 읽으십시오. 나는 천재의 책을 읽고 벤치마킹하던 모든 것을 중단했습니다. 벤치마킹할 필요가 없어졌습니다. 책 한권만으로도 엄청난 깨달음을 얻을 수 있었기 때문입니다. 책 한권으로도 마인드가 100배, 1000배 성장하기 때문입니다.

나는 이 책을 천재적인 방법으로 썼습니다. 성령 충만을 믿고 하나님께서 주신 깨달음을 그대로 적었습니다. 1인창업을 생각하는 모든 이들에게 온전한 복음을 알리고 그들도 천재적인 삶을 살게 해줄 것입니다. 이것은 하나님께서 나에게 주신 사명입니다.

나는 평생 이 사명을 감당할 것입니다. 사명은 절대 힘든 것이 아닙니다. 기쁨과 행복이 넘치는 것입니다. 이것이 내가 가장 행복하게 사는 길입니다. 나는 온전한 복음만 전할 것입니다.

천재작가 장열정의 이야기와 깨달음 - 제 25 장

창업아이템은 이미 당신 안에 있다

당신은 창업아이템이 고민됩니까?

나는 창업아이템을 쉽게 선택하는 방법을 알고 있습니다. 창업아이템은 바로 당신 안에 있습니다. 당신이 지금은 잘하는 일이지만 누군가는 그 일로 어려움을 겪는 사람들이 있습니다. 당신의 경험이 창업아이템이 되는 것입니다.

우리나라 창업 문화는 프랜차이즈로 흘러가고 있습니다. 프랜차이즈는 가입비도 비싸고 모든 운영 방침이 본사 위주로 돌아갑니다. 결국 자신이 하고 싶은 방향으로 사업을 하지 못한다는 것입니다. 직장인과 마찬가지입니다.

나는 직장에서 시키는 일만 하는 것이 매우 싫었습니다. 나에게는 좋은 아이디어가 많았습니다. 당신도 그렇지 않습니까? 좋은 아이디어가 넘치고 넘치는데 지시받은 내용으로만 일을 진행해야 되지 않습니까? 나는 그것이 매우 싫었습니다.

어느 다큐 프로그램을 봤습니다. 편의점 사장님의 이야기였습니다. 보통 편의점에는 아르바이트생이 있습니다. 하지만 아르바이트생이 그만두고 다른 아르바이트생을 구하지 못해 사장님이 직접 일을 하고 있었습니다. 사장님은 힘들어 보였습니다. 인터뷰 내용도 슬펐습니다.

"사장님이 나와 계시네요?"

"네, 아르바이트생을 못 구해서 제가 나와 있습니다."

"장사는 잘 되시나요?"

"장사가 되도 남는 게 없어요."

"장사가 잘 되는데 왜 남는 것이 없나요?"

"임대료가 300만원이고 인건비가 500만원입니다. 총매출은 1,000만원입니다. 생활비 제외하면 얼마 안 됩니다."

"그럼 사장님은 200만원으로 생활하시는 거군요."

"그렇습니다. 창업 초기에 상담을 받을 때 분명 월 순수익 500만원을 보장해 준다고 했었습니다. 시작해 보니 다르더군요."

"아, 처음에 수익을 보장해 주던가요?"

"네, 그것 때문에 했죠. 보장해 주지 않는다면 이렇게 힘든 걸 누가 하겠어요."

나는 인터뷰 내용을 아직까지 상세히 기억합니다. 지금도 머릿속에 사장님의 얼굴 표정이 떠오릅니다. 장사가 잘되는 편의점도 순수익이 직장인보다 낮다는 것이 충격이었습니다. 그보다 프랜차이즈에 대한 충격도 또한 컸습니다.

내가 '장열정의 1인창업연구소'를 설립하기 전에 프랜차이즈에 대해서 조사해 본 결과는 더 충격적이었습니다. 프랜차이즈 본사는 대박 집이 많지만 프랜차이즈 가맹점은 쪽박 집이 많다는 사실을 발견했습니다. 그러고 보니 뉴스나 다큐에서 나오는 프랜차이즈 성공 사례는 대부분 본사 이야기였습니다. 프랜차이즈 지점이 10개 이상이고 이번에는 새로운 상품을 개발했다는 내용들이 대부분이었습니다.

나는 1인창업에 대한 궁금증이 많았습니다. 프랜차이즈에 대해서 조사하고 난 뒤에 1인창업이 있다는 것을 알았고 정보를 찾아보기 시작했습니다. 하지만 1인창업 대한 정보가 너무나 부족했고 알아본 것들 중에도 대부분이 프랜차이즈에 대한 것이었습니다.

나는 창업아이템을 고르던 중 1인창업을 해야겠다고 결심했습니다. 1인창업에 대한 비밀을 캐내기 위해서 책과 홈페이지, 블로그, 카페를 모두 뒤지기 시작했습니다.

나는 나만의 1인창업 원리를 정립했습니다. 그리고 단기간에 고액 수입을 올렸습니다.

내가 정립한 1인창업 원리로 1인창업을 해보십시오. 당신 안에 있는 창업아이템을 탁월하게 찾을 수 있습니다.

첫째, 그동안 했던 경험을 모두 써 보십시오.

나는 내 경험을 모두 적기 시작했습니다. 그 중에는 자동차 용품 전문점을 운영했던 경험, 마케팅 부서에서 일했던 경험, 1인기업 직원으로 있었던 경험을 모두 적어 놓았습니다. 모두 적다 보니 내가 하고 싶은 것이 무엇인지 알기 시작했습니다.

둘째, 주변 사람들이 요청했던 것이 무엇인가 생각하십시오.

주변 사람들이 나에게 가장 많이 물어보는 것은 창업과 마케팅에 관한 것이었습니다. 그것을 써 내려가다 보니 이제 막 창업한 사람들이 마케팅 경험이 부족하다는 점을 발견했습니다.

셋째, 단기간이 아니라 평생 할 수 있는 일을 찾으십시오.

나는 평생 직업을 갖기 위해서 직장을 그만두었습니다. 당신도 그렇게 하십시오. 평생직장이 아닌 평생 직업을 선택하십시오. 그러기 위해서는 당신의 꿈과 비전이 명확해야 합니다.

넷째, 꿈과 비전을 명확히 정하십시오.

내 꿈과 비전은 명확합니다. 나는 어렵고 힘든 사람들이 그들의 상황과 환경을 뛰어넘어 성공하여 행복하도록 그들을 코치할 것입니다. 이 일을 통해 온전한 복음을 전하는 것이 내 비전입니다. 나는 하나님의 사랑을 전하는 사람입니다. 하나님의 사랑을 전하는 일이 아니면 어떤 것도 하지 않기로 결심했습니다.

창업아이템에 대한 보다 자세한 내용은 〈장열정의 1인창업비결〉이라는 책에 담겨 있습니다. 꼭 구입해서 읽어 보십시오.

나는 꿈과 비전이 명확해졌습니다. 꿈과 비전에 맞지 않는 일이라면 그 어떤 일도 하지 않을 것입니다. 나는 꿈의 사람입니다. 나는 비전이 있는 사람입니다. 하나님께서는 나에게 꿈과 비전을 주셨습니다.

하나님의 사랑을 전하는 인생이 최고의 삶이라는 것을 내 인생을 통해 증명하셨습니다. 이제 당신 차례입니다.

당신은 어떤 꿈과 비전이 있습니까? 현실에 안주하고 현실에 맞는 꿈과 비전이 아닌 당신만의 꿈을 펼치십시오. 그리고 실천하십시오. 꿈을 꾸는 삶이 아니라 이루는 삶을 사십시오.

당신은 충분히 할 수 있습니다. 하나님께서는 당신을 향한 계획이 있습니다. 당신을 너무나 사랑하기 때문입니다. 당신을 너무나 사랑하는 하나님을 만나십시오. 이것이 최고의 삶입니다. 최고의 삶을 사십시오. 1인창업을 통해 행복한 삶을 사십시오.

천재작가 장열정의 이야기와 깨달음 - 제 26 장
평범한 경험이 탁월한 당신을 만든다

당신에게 특별한 경험이 있습니까?

나는 군대를 두 번 갔다 온 특별한 경험이 있습니다. 신체검사에서 3급 판정을 받고 현역으로 입대했습니다. 입대 후 신체검사에서 눈이 나쁘다고 다시 재검사를 받으라는 명령을 받았습니다. 몇 개월 뒤 신체검사를 받고 2년이 넘는 시간을 공익 근무 요원으로 보냈습니다.

나는 어린 시절부터 안경을 썼습니다. 아마도 일곱 살 때부터 썼을 겁니다. 앞집에 사는 친구와 매일 TV를 봤습니다. 그것도 아주 가까이 다가가서 봤습니다. 부모님께서는 가게를 운영하셨기 때문에 낮에는 바쁘셨습니다. 그 친구의 부모님도 가게를 운영하셨습니다.

그래서 나와 친구는 자유로웠습니다. 마음껏 돌아다니고 하고 싶은 것도 모두 하고 TV도 자유롭게 봤습니다. 나와 친구에게 자유가 있으니 눈이 나빠진 것입니다. 부모님께서 바쁘셔서 TV를 가까이 보는 것을 보지 못하셨기 때문입니다.

그래서 저녁에 집에서 TV볼 때 자주 혼났습니다. 가까이에서 보던 습관이 생겨서 그런지 더 가까이에서 보고 싶었습니다. 정말 많이 혼났습니다. 그러다가 안 좋은 버릇이 되어 버렸습니다. 그래서 일곱 살부터 돋보기안경을 쓰기 시작했습니다.

나는 유치원에서부터 돋보기 인생을 살았습니다. 유치원 선생님은 내가 작은 몸에 아주 큰 안경을 쓰고 다니니 나를 좋지 않게 생각했나 봅니다. 어머니에게 듣기로는 나를 많이 무시했다고 합니다. 초등학교 6학년 때 전교 어린이 회장이 되고나서 어머니는 유치원 원장님에게 자랑을 했다고 합니다. 어머니가 많이 속상하셨나 봅니다.

나는 초등학교 1학년 때까지 한글을 몰랐습니다. 나는 마냥 뛰어 노는 것이 좋았습니다. 그래서 어머니는 나를 자유롭게 놀게 해주셨습니다. 초등학교 입학하고 며칠 뒤에 큰 일이 일어났습니다. 선생님이 나에게 한글을 읽어보라고 시킨 것입니다. 나는 일어나서 아무 말도 못하고 있었습니다. 선생님은 한글을 읽지 못하는 나를 꾸짖었습니다.

나는 그 날 수업이 끝날 때까지 계속 울면서 책상에 엎드려 있었습니다. 아직도 잊을 수가 없습니다. 그때 이후로 빨리하는 것이 익숙해졌나 봅니다. 그때의 충격으로 모든 것을 빨리하기 시작했습니다.

'남들보다 빨리 해야 돼'

'손가락질 당하지 않으려면 빨리 해야만 해'

나는 이런 생각에 사로잡혔던 것 같습니다. 여덟 살 때의 일이 아직도 생생하게 생각나는 것을 보면 말입니다.

나는 그때부터 학교에 소문이 날 정도로 축구를 잘했습니다. 한글도 못 읽는 아이가 축구를 잘하니 그때부터 선생님이 나를 다르게 봤습니다. 그때부터 나를 예뻐하기 시작했습니다.

그래서 내 꿈이 축구 선수였나 봅니다. 공부에는 소질이 없다고 생각했습니다. 어린 시절 교육이 정말 중요합니다. 그 충격이 나를 변하게 했습니다. 공부에는 답이 없다고 생각했습니다. 내가 공부를 못한다고 생각했기 때문입니다.

  나는 중학교 시절 공부를 잘하는 편이었습니다. 전교 50등 안에는 들었습니다. 나는 중학생이 되어서야 공부가 재미있어졌습니다. 하지만 그것도 고등학교 1학년에 사춘기가 온 뒤로는 공부 인생도 끝난 줄 알았습니다. 공익 근무를 하기 전까지 말입니다.

  나는 남들에게는 주어지지 않는 2년이라는 시간을 사회에서 보내게 된 것이 매우 기뻤습니다. 하지만 처음에는 많이 창피했습니다. 하지만 지금은 너무나 자랑스럽습니다. 나에게 그 시간이 있었기 때문에 지금의 내가 있습니다. 그 시간이 없었다면 책도 못 썼을 것입니다.

  나는 그 시간 동안 많은 공부를 했습니다. 영어를 독학하기 시작했습니다. 수능에서는 영어 점수가 형편없었습니다. 영어를 좋아하기만 했습니다. 영어를 좋아하다 보니 남은 시간에 영어 공부를 하게 되었습니다. 영어를 제대로 공부하니 정말 재미있었습니다.

  나는 공부가 재미있어야 잘 된다는 것도 그때서야 깨달았습니다. 중학교 시절에는 시험을 잘 보면 등수가 잘 나오기 때문에 열심히 했습니다. 또한 부모님께서 좋아하시는 모습을 상상하며 공부를 하곤 했습니다. 그래서 성적이 좋았나 봅니다. 그땐 그랬습니다.

  나는 그때 프로그램도 독학하기 시작했습니다. 이미지 편집 프로그램인 포토샵을 독학하기 시작했고 영상 편집 프로그램인 어도비 프리미어 프로그램과 에프터이펙트 프로그램을 공부했습니다. 그로 인해 이미지 디자인과 영상 편집 기술을 익혔습니다.

  공익 근무하는 시간 동안 나는 많은 공부를 했습니다. 그때 그렇게 공부를 안했다면 인도 단기 선교에 가서 목사님과 사모님, 목사님 아들과 깊은 대화를 할 수 없었을 것이고 돌아와서 이메일을 주고받는 것, 전화 통화하며 안부를 묻는 경험도 누리지 못했을 것입니다.

또한 교회 미디어 팀을 만들 수 없었을 것이고 백석대학 졸업 영상을 만들 수도 없었을 것입니다. 선교단체에서 디자인, 영상 편집, 사진 편집, 신문사역을 감당할 수 없었을 것입니다.

나는 이러한 일들로 내 실수와 잘못이 나에게는 최고의 것으로 돌아온다는 하나님의 방법을 깨달았습니다.

첫째, 내 실수와 잘못도 하나님께서는 크게 쓰십니다.

나는 친구와 TV를 가까이에서 보는 안 좋은 습관으로 돋보기안경을 쓰게 되었습니다. 그로 인해 공익 근무를 하게 되었습니다. 그 시간이 없었다면 지금의 나는 완전히 다른 삶을 살고 있을 것입니다. 그랬다면 지금 느끼는 행복을 느끼지 못했을 것입니다.

둘째, 몰라도 배우면 남들보다 빨라집니다.

나는 한글을 초등학교 1학년 때까지 몰랐습니다. 아이들 앞에서 창피를 당한 이 후로 나는 남들보다 모든 것을 빠르게 해냈습니다. 지금도 마찬가지입니다. 나는 무엇을 하든 속도가 빠릅니다. 단기간에 끝내 버립니다. 장기간에 일하는 것을 싫어합니다. 그래서 얻는 이익이 많습니다. 나는 빠른 것이 좋습니다.

셋째, 어느 것 하나 잘못된 것은 없습니다.

그동안의 모든 경험이 지금의 나를 만들었습니다. 지금까지 고백한 모든 경험이 없었다면 이 책도 나오지 않았습니다. 지나온 모든 것이 감사합니다.

넷째, 하나님께서 나에게 맞는 방법으로 지금의 나를 만드셨습니다.

하나님께서는 나를 가장 잘 아십니다. 내가 실수한 것, 내가 잘못한 것으로 지금의 나를 만드셨습니다. 이것이 하나님의 지혜입니다.

하나님께서는 항상 나와 함께 하십니다. 내가 무엇을 하든지 하나님께서는 나에게 가장 좋은 것으로만 채워 주십니다. 하나님께서는 나를 이렇게 사랑하십니다. 나도 하나님을 정말 많이 사랑합니다.

나는 하나님의 은혜에 너무나 감사합니다.

"하나님, 돋보기안경을 쓰게 해주셔서 공익 근무 요원으로 군복무를 하게 해주셨음에 감사합니다."

"하나님, 한글을 몰라서 창피 당한 경험을 통해 남들보다 빠르게 일할 수 있게 해주셔서 감사합니다."

"하나님 내가 어떤 잘못과 실수를 해도 모두 나에게 맞는 최고의 방법으로 이끌어 주셔서 감사합니다."

"하나님 내 잘못과 실수를 통해서 감사 기도를 하게 해주심도 정말 감사합니다."

나는 하나님의 사람입니다. 예수님께서 나를 대신해서 십자가에 매달리셨습니다. 그래서 나와 당신은 의인이 되었습니다. 당신도 예수님을 믿고 하나님의 크고 크신 사랑을 경험하십시오. 그리고 지금부터 당신도 최고의 삶을 사십시오. 하나님께서 그렇게 이끄실 것입니다.

다른 사람을 부러워하지 마십시오. 당신에게는 당신에게 맞는 최고의 삶이 있습니다. 그 최고의 삶은 하나님께서 이끌어 주셔야 합니다.

나는 최고의 삶을 살고 있습니다. 하나님께서 내가 최고의 삶을 살 수 있도록 이끌어 주셨습니다. 이제 당신 차례입니다. 나는 당신이 행복하게 살기를 간절히 원합니다. 행복하게 사십시오. 당신을 위해 기도합니다. 우리 천국에서 만납시다.

틈새시장보다 당신의 특별함을 먼저다

    당신은 틈새시장에 대해서 생각해본 적이 있습니까?

    나는 틈새시장 찾는 것을 즐겼습니다. 틈새시장은 빈틈을 찾아 들어가는 것을 말합니다. 이미 사업이 잘되는 곳에도 빈틈이 있습니다. 나는 빈틈을 찾아 사업을 하라고 조언했습니다.

    어느 곳이든 빈틈은 있습니다. 완벽한 곳은 없습니다. 어떤 아이템을 선택하든지 빈틈은 항상 존재합니다. 같은 국밥집이라도 이 집 다르고 저 집 다릅니다. 그렇기 때문에 많은 고객들이 있는 곳의 빈틈을 공략하는 것이 좋은 전략이라고 생각했습니다.

    이미 성공한 사람이 있는 아이템을 선택했다면 그 사업 아이템의 빈틈을 찾아야 합니다. 하지만 그 전에 먼저 해야 할 것이 있습니다. 단순히 아이템만 보고 창업하는 것은 위험합니다.

    당신은 당신이 하고 싶은 창업에 대해 먼저 생각해야 합니다. 단순히 유행에 민감한 아이템을 선택하면 단기간에 끝날 수 있습니다. 진정 하고 싶은 일을 선택하십시오.

    그리고 분석해 보십시오. 분석하다 보면 빈틈이 보입니다. 고객들이 원하는 것이지만 아직 제공하지 못하고 있는 것이 있습니다. 그렇다면 당신은 그것을 시도해야 합니다. 이것은 아무도 하지 않은 것이기 때문에 당신의 사업을 발전시킬 수 있습니다.

남들과 똑같이 하면 그 수준에서 머물거나 그 수준에도 도달하지 못하는 경우가 있습니다. 후발주자이기 때문입니다. 후발주자가 선발주자와 똑같이 사업을 진행한다면 김밥천국을 똑같은 동네에 차리는 것과 마찬가지일 것입니다.

나는 틈새시장에 대한 정의를 다시 내렸습니다. 하지만 나는 이마저도 이제 하지 않습니다. 틈새시장이 필요 없어졌습니다.

나는 이제 더 이상 틈새시장을 찾지 않습니다. 당신 안에 어느 누구도 하지 못한 특별한 것이 있기 때문입니다. 이미 당신 안에 있습니다. 당신은 어느 누구보다 특별합니다. 나는 당신이 생각하는 것으로 1인창업하여 1인기업을 세우는 방법을 알고 있습니다.

나는 이제 틈새시장 분석 같은 건 하지 않습니다. 나는 코치할 때 가장 먼저 물어보는 것이 있습니다.

"어떤 창업을 하고 싶습니까?"

내 첫 질문입니다. 이렇게 시작해서 결국 이렇게 끝납니다.

"맞습니다. 당신 안에 어느 누구도 하지 못하는 아이템이 있습니다. 그것으로 창업하면 됩니다. 지금 바로 시작하십시오. 지금 시작해야 합니다."

나는 지금 해야 한다고 강조합니다. 그래서 바로 시작하겠다고 결정한 사람만을 대상으로 코치합니다.

1인창업에는 단계가 있습니다. 빠르게 시작해야 다음 단계를 진행할 수 있습니다. 시작조차 늦어 버리면 다음 단계도 계속 늦어집니다. 나는 단기간에 진행하는 사람을 좋아합니다. 단기간에 끝내 버릴 수 있는 마인드를 가진 사람은 단기간에 성공할 수 있습니다.

나는 무조건 단기간에 해야 한다고 생각합니다. 그래서 느리게 일하는 사람도 단기간에 하는 방법을 알려주고 마인드를 심어 줍니다. 초기에는 단기간에 할 수 있는 사람만 단기간에 진행했습니다. 장기간에 진행하고 싶은 사람들은 오랜 시간 동안 코치를 했습니다.

어떤 결과가 일어났을까요?

"장기간에 진행해서 어떤 결과가 나왔나요?"

"진행된 것이 전혀 없습니다."

"그럼 단기간에 진행하십시오."

이렇게 해서 하루 만에 코치를 했습니다. 일주일 만에 성과가 눈에 보이기 시작했습니다. 그래서 나는 무조건 단기간에 진행합니다. 코칭 시간도 단축했습니다. 오래 코치한다고 잘 되는 것이 아닙니다. 오히려 고객들은 단기간에 좋은 결과를 이끌어 주는 것을 좋아합니다. 당신도 그렇지 않습니까?

나는 성공한 사람들을 분석해 봤습니다. 실제로 단기간에 진행하여 성공한 사례들이 많습니다. 하루아침에 달라진 경우도 많았습니다. 아주 오랫동안 진행해서 성공한 사례보다 단기간이 더욱 많았습니다.

나는 틈새시장보다 자신만의 특별한 창업을 할 수 있도록 코치합니다. 처음엔 그렇지 못했습니다. 남들 따라 하기 바빴습니다. 하지만 그러한 모든 것을 중단했습니다. 나는 나만의 길을 걷고 있습니다.

나는 여기서 깨달은 것이 많습니다.

첫째, 틈새시장보다 나에게 집중하라.
둘째, 나만의 특별한 아이템을 찾아라.

셋째, 나를 알아야 한다.
넷째, 나를 가장 잘 아시는 분은 하나님이다.

하나님은 나를 가장 잘 아시는 분입니다. 하나님은 나를 가장 사랑하시는 분입니다. 하나님께 집중하면 나를 가장 잘 알 수 있습니다. 나에게 가장 맞는 길을 알려주십니다. 하나님을 믿는 믿음만 있다면 평생 복음을 전하며 행복하게 살 수 있습니다.

이것은 성령 충만해야 가능한 일입니다. 성령 충만하십시오. 성령 충만하다고 믿으십시오. 이미 성령 충만을 주셨는데 당신이 선택하지 않았기 때문입니다. 나는 성령 충만합니다. 당신도 성령 충만합니다. 성령 충만한 삶을 사십시오. 이것은 하나님을 온전히 믿는 믿음으로만 가능합니다.

그저 믿기만 하십시오. 온 맘 다해.

천재작가 장열정의 이야기와 깨달음 - 제 28 장

누군가 당신의 이야기를 기다린다

당신은 아무것도 없이 창업할 수 있다고 생각합니까?

나는 아무것도 없이 창업을 했습니다. 바로 1인창업 원리로 말입니다. 나는 처음에 사무실도 없었습니다. 나는 집에서 일했습니다. 나는 카페에서 일했습니다. 나는 돌아다니면서 자유롭게 일했습니다. 모든 곳이 내 사무실이었습니다.

나는 나만의 사무실을 갖는 것이 꿈이었습니다. 그래서 내 방을 내 사무실로 꾸며 놓았습니다. 나만의 사무실이 생긴 것입니다. 창업 초기에는 굳이 사무실 얻을 필요가 없습니다. 집이 좁다면 나만의 단골 카페를 만들면 됩니다.

고객과 코칭을 하게 되면 카페에서 하거나 스터디 룸을 잡으면 됩니다. 스터디 룸도 사무실처럼 잘 되어 있는 곳이 많습니다. 나도 처음에는 고민이 많았습니다. 고객이 믿어 주지 않을 것 같았습니다.

하지만 고객은 그것보다 내 진심을 봅니다. 내 실력을 봅니다. 나만의 노하우를 봅니다. 나는 내 일처럼 진심으로 도와줍니다. 끝까지 책임집니다. 끝까지 함께 합니다.

내가 '장열정의 1인창업연구소'를 설립하게 된 이유는 내 경험과 노하우, 깨달음이 있기 때문입니다.

'매장과 사무실이 없어도 창업을 할 수 있는 방법이 있을까?'

'직원 없이 나 혼자서 할 수 있는 창업이 없을까?'

'내가 궁금한 것들을 알려주는 곳은 없을까?'

실제로 내가 궁금한 것들을 정확히 알려주는 곳이 없었습니다. 나는 교육을 참 많이 들었습니다. 교육을 다니지 않은 곳도 있습니다. 그런 곳은 대부분 지인들이 교육을 다녀와서 이야기해 주었습니다.

나는 정확한 방법을 알고 싶었습니다. 1인창업으로 1인기업을 세우는 방법이 너무나 궁금했습니다. 전체적으로 궁금한 것들이 많았지만 내가 찾는 곳은 없었습니다. 그래서 나는 그들이 말해 주지 않는 방법, 노하우를 많은 사람들에게 알려주기로 결심했습니다. 그리하여 '장열정의 1인창업연구소'가 설립된 것입니다. 기쁘지 않습니까?

나는 '장열정의 1인창업연구소'를 통해 1인창업하여 1인기업을 설립하는 모든 노하우를 알려주고 있습니다. 실제로 고객들은 그렇게 하고 있습니다. 그들이 1인기업을 설립하는 것을 보면 너무나 행복합니다.

나는 우리나라 창업 문화를 바꾸고 싶습니다. 창업 문화가 프랜차이즈로 흘러가고 있어서 참으로 안타깝습니다. 프랜차이즈는 고액의 가맹비가 필요합니다. 직원도 필요하고 가게도 필요합니다. 막대한 비용 투자가 있어야 합니다.

나는 교육사업, 지식사업, 정보화사업을 하기로 했습니다. 물론 판매도 그렇게 할 수 있습니다. 시대 흐름이 변하고 있습니다. 또한 이런 사업이 고액수입으로 연결될 가능성이 가장 큽니다.

또한 누군가가 따라 하기도 힘듭니다. 자신만의 경험과 깨달음을 전하는 것이기 때문에 따라 할 수는 있어도 어설퍼집니다. 당신도 이제 아무도 따라 할 수 없는 당신만의 경험과 깨달음을 전하는 1인창업을 하십시오. 1인기업을 세우십시오.

당신도 충분히 할 수 있습니다. 당신만의 경험과 깨달음을 전하는 것은 전 세계 어디에도 없는 가장 귀한 1인창업아이템입니다. 당신의 이야기를 전하십시오. 당신만의 깨달음을 전하십시오. 사람들은 다른 사람의 이야기를 궁금해 합니다.

당신에게 특별한 경험이 있지 않나요? 당신에게 특별한 깨달음이 있지 않나요? 사람들은 궁금해 합니다. 당신이 내 경험과 깨달음을 궁금해 하는 것처럼 말입니다. 당신의 경험과 깨달음을 누군가가 기다리고 있습니다.

나는 나와 같은 어려움을 겪고 있는 사람들에게 도움을 줄 것입니다. 나는 창업 성공을 꿈꾸는 사람들을 도울 것입니다. 이것이 내가 '장열정의 1인창업연구소'를 설립한 이유입니다.

그리고 그들이 진정한 행복을 느끼며 살 수 있도록 도울 것입니다. 나와 당신은 1인기업을 세우고 함께 부자가 되어야만 합니다. 나는 그렇게 할 것입니다. 나와 당신이 함께 부자가 되어 다함께 행복하게 살기를 희망합니다.

천재작가 장열정의 이야기와 깨달음 - 제 29 장

당신을 홍보하기 위해서 지금 당장 책을 써라

당신은 책 쓰는 것이 어렵다고 생각합니까?

나는 책을 2주 만에 쉽고 재미있게 써냈습니다. 책 쓰는 방법만 알면 누구나 쉽게 쓸 수 있습니다. 남의 이야기를 잔뜩 모아 놓고 책을 쓰는 것이 아닙니다. 내가 살아온 이야기를 하면 되는 것입니다.

1인창업하려면 책부터 써야 하나요?

1인창업하려면 책부터 써내야 합니다. 책 쓰는 방법을 배워서 한 달 만에 책을 써내야 합니다. 직장인이라면 직장을 그만두기 전에 책을 써내십시오. 사업을 하고 있다면 만사를 제쳐놓고 책부터 쓰십시오.

책 쓰는 것은 노후에 하는 것이 아닙니다. 지금 쓰면 됩니다. 나는 내 이야기 잔뜩 써 놓았습니다. 1인창업에 대한 깨달음이 폭발했습니다. 깨달음이 넘쳐흘렀습니다.

나는 책을 쓰기 전에 책 제목과 목차를 먼저 만들어야 되는 줄 알았습니다. 하지만 내 이야기와 깨달음으로 원고를 다 써 보니 책 제목과 목차가 저절로 나왔습니다. 신기하지 않습니까? 억지로 된 것이 아닙니다. 그냥 저절로 그렇게 되었습니다.

1인창업아이템을 찾는다고 해서 사방팔방 돌아다니는 것이 아닙니다. 책을 쓰면 저절로 아이템이 나옵니다. 저절로 사업의 방향이 잡힙니다. 나도 책을 쓰면서 방향이 더욱 명확하게 잡혔습니다. 정말 놀라운 일입니다. 그냥 책을 썼는데 말입니다.

나는 책 쓰는 것이 쉽습니다. 사실 나는 책 쓰는 것이 어렵다고 생각하여 '장열정의 1인창업연구소'를 설립하고 책 쓰는 것을 미루고 있었습니다. 책을 쓰면 많은 시간을 투자해야 하니 다른 일을 못할 것이라고 생각했습니다. 그래서 다른 부분을 더 많이 진행한 다음에 책을 쓰려고 했던 것입니다. 하지만 내 생각은 잘못된 생각이었습니다. 하루 1시간에서 3시간만 책을 써도 한 달 만에 책을 써낼 수 있습니다.

나는 책 쓰는 것이 재미있습니다. 책 쓰는 것에 대한 부담이 전혀 없습니다. 키보드를 두드리기만 하면 몇 페이지가 금세 채워집니다. 오히려 공간이 부족하다는 생각을 합니다. 신기하지 않습니까?

나는 선교 단체 신문기자였습니다. 신문 만드는 일이 정말로 싫었습니다. 그런데 이제 책 쓰기가 재미있어졌습니다. 책과 신문은 다릅니다. 책에는 내가 하고 싶은 말을 자유롭게 할 수 있기 때문입니다.

나는 책을 쓰고 산책을 합니다. 정말 여유롭습니다. 아내와 딸과 함께 가장 근사하게 차려입고 공원에 갑니다. 행복한 시간을 보냅니다. 입에서 노래가 저절로 나옵니다. 딸은 나에게 안겨 춤을 춥니다. 이것이 진정한 행복입니다. 나 장열정은 정말 행복합니다.

나는 책을 쓴 이후로 인생이 달라졌습니다. 내 책에는 엄청난 깨달음이 담겨 있습니다. 엄청난 지혜가 담겨 있습니다. 바로 천재적인 의사 전달 방법으로 책을 썼기 때문입니다. 원리만 알았을 뿐인데 2주 만에 책 원고를 모두 써냈습니다. 여유롭고 행복하게 책을 썼습니다.

책을 쓴다고 해서 밤을 새는 것이 아닙니다. 하루에 1시간이나 3시간만 책을 쓰고 산책도 하고 할 거 다하면서 책을 썼습니다. 천재적인 의사 전달 방법만 안다면 당신도 가능합니다.

당신도 지금 당장 책을 쓰고 싶지 않습니까?

지금부터 당신도 책을 써내야 합니다. 창업아이템을 정했다면 더욱 좋습니다. 그 이야기로 책을 쓰면 됩니다. 아이템이 없어도 상관없습니다. 책을 쓰면 저절로 아이템이 나오게 됩니다.

책을 왜 써내야 하는지 궁금합니까?

당신을 먼저 알려야 합니다. 당신이 얼마나 좋은 일을 하고 있는지 소개하는 것입니다. 당신이 하고 있는 일이 얼마나 대단한 일인지 책을 통해 알리는 것입니다.

사업은 마케팅이 중요합니다. 창업하고 마케팅을 못해서 문을 닫는 곳이 많습니다. 책은 최고의 마케팅 수단입니다. 책을 통해 마케팅 하십시오. '장열정의 1인창업연구소' 책쓰기학교에 등록하여 천재적인 의사 전달 방법을 배우십시오. 그리고 한 달 만에 책을 써내십시오. 책 쓰기는 쉽고 재미있는 일입니다. 무조건 써내야 합니다.

나는 책을 통해 많은 깨달음을 얻었습니다.

첫째, 책 쓰기는 쉽다.
둘째, 책 쓰기는 재미있다.
셋째, 책 쓰기는 최고의 마케팅 방법이다.
넷째, 책 쓰기는 최고의 선교 방법이다.

많은 사람들은 성공해서 책을 쓴다고 합니다. 아닙니다. 책을 써내면 성공합니다. 책을 써내야 크게 성공합니다. 글을 잘 못써도 상관없습니다. 책을 쓰다 보면 저절로 잘 쓰게 됩니다. 사업도 저절로 커지게 됩니다. 스스로 변화하는 모습을 보게 됩니다.

 나는 책을 써내면서 엄청난 의식 성장을 했습니다. 책을 읽는 독자에서 책을 쓰는 저자로 신분이 바뀌면서 많은 것들이 달라지기 시작했습니다. 당신도 충분히 작가가 될 수 있습니다. 이제 독자의 신분은 갖다 버리십시오. 당신의 책을 써내십시오.

 당신의 신분은 무엇입니까? 직장인입니까? 독자입니까?

 나는 사업가이며, 강연가, 작가입니다. 1인창업은 직장인에서 사장이 되고 독자에서 저자가 되는 신분 상승의 길입니다. 1인창업과 책쓰기는 1인기업의 성공 열쇠이며 가장 중요한 부분입니다.

 당신도 나처럼 당장 책을 써내십시오. 다른 어떤 것보다 가장 중요한 일입니다. 책을 써서 선교하십시오. 가장 지혜로운 방법으로 전도하십시오. 하나님의 방법대로 바이블 마케팅을 하십시오.

 이미 당신 안에는 엄청난 지혜가 가득합니다. 그것이 바로 하나님께서 당신에게 주신 축복입니다. 나는 지혜롭습니다. 당신도 지혜롭습니다. 지혜로운 방법으로 최고의 선교를 하십시오. 이것이 나와 당신의 사명입니다.

천재작가 장열정의 이야기와 깨달음 - 제 30 장

천재적인 책 읽고 천재적으로 책을 써라

당신은 명품에 대해서 어떻게 생각합니까?

나는 명품에 대한 가치를 몰랐습니다. 왜 명품이 있는 지도 몰랐습니다. 이제는 알 것 같습니다. 이제 내 인생이 명품 인생이 되었기 때문입니다. 하나님께서는 나와 당신을 명품으로 만드셨습니다.

나는 명품에 대한 선입견이 있었습니다. '명품은 사치일 뿐이다. 명품은 돈 자랑하는 것이다'라고 생각했습니다. 명품을 살 수 있는 능력도 없었습니다.

명품이 왜 귀합니까? 명품은 세상에 몇 개만 존재하기 때문입니다. 당신은 명품입니다. 하나님께서 지으신 이 세상에 단 하나 뿐인 작품입니다. 나도 명품입니다. 하나님께서는 이 세상에 '나'라는 존재를 딱 하나만 만드셨습니다.

나는 이 세상에 딱 하나 밖에 없는 존재이기 때문에 남들과 같지 않습니다. 남들의 기준에 맞춰서 살 이유가 없습니다. 나는 명품이기 때문에 가치 있고 고가입니다. 내가 하는 모든 것은 가치 있는 일입니다. 명품이 되기 위해서는 조건이 있습니다. 하나님을 온전히 믿어야 합니다. 하나님을 온전히 믿는 믿음만 있다면 당신도 명품이 될 수 있습니다. 나는 하나님을 온전히 믿는 사람입니다. 그래서 나는 명품입니다.

나는 명품을 최근에 구입했습니다. 어떤 액세서리가 아닌 명품 책을 구매했습니다. 명품 백을 몇 개나 살 수 있는 돈으로 30권의 책을 구매했습니다. 어떤 것보다 소중합니다. 나는 지금 명품 백이 필요 없습니다. 나는 명품 책이 필요합니다.

내 인생은 명품 책을 산 후 달라졌습니다. 명품이 썼기 때문에 명품 책입니다. 내가 명품 책을 읽고 명품이 되었기 때문에 명품 책입니다.

당신은 어떤 명품에 높은 가치를 지불하겠습니까?

내 인생은 책 한권을 읽고 달라졌습니다. 책을 모두 읽은 것도 아닙니다. 20페이지도 읽지 않았는데 내 인생은 완전히 달라졌습니다.

나는 명품 책으로 진정한 하나님을 만났습니다. 내 오랜 방황은 책 한권이 아닌 20페이지로 끝났습니다. 명품 책은 그만큼 위대합니다. 나는 명품 책을 싸게 샀습니다. 정해진 가격을 지불했지만 나에게 미친 영향을 생각하면 너무나 싸게 구입한 것입니다.

나는 명품 책으로 인해 삶이 달라졌습니다. 아내와의 관계도 달라졌습니다. 내가 달라지니 아내도 달라졌습니다. 내가 달라지니 자녀도 달라졌습니다. 내가 행복해지니 가족 전체가 행복해졌습니다.

행복의 말만 하고 삽니다.

"당신으로 인해 행복해요"

"당신 때문에 너무 행복해요"

"당신이 사랑해 주니 너무 행복해요"

행복의 말과 사랑의 말이 넘쳐흐르고 있습니다. 내 사업도 완전히 달라졌습니다. 단순한 방향으로 흐르던 사업도 완전히 다른 방향으로 바뀌었습니다. 하루에 일을 최대한 많이 해야 돈을 벌 수 있는 사업의 방향에서 조금만 일해도 돈을 많이 버는 럭셔리 사업으로 전환되었습니다. 이것이 억대수입 비결입니다.

바로 하나님의 깨달음이 있는 책을 읽었기 때문입니다. 명품 책에는 하나님의 지혜가 담겨 있습니다. 나도 명품 책을 쓰는 방법을 배웠습니다. 나도 이 명품 책을 통해 당신에게 깨달음을 전하고 있습니다.

나는 천재멘토를 만나서 천재가 되었습니다. 천재는 하나님께서 주시는 깨달음을 전하는 사람을 말합니다. 영재는 자신의 깨달음이 아닌 남의 이야기를 짜깁기합니다. 짜깁기한 인생을 살면 안 됩니다. 나와 당신은 명품이기 때문에 명품처럼 살아야 합니다. 책도 마찬가지입니다. 명품 책을 써야 합니다. 천재적인 책을 써야 합니다.

나와 당신에게는 천재적인 깨달음이 있습니다. 하나님을 믿는 자에게는 하나님의 지혜가 있습니다. 하나님의 지혜로 책을 쓰면 되는 것입니다. 남의 이야기를 갖다 쓰지 마십시오. 그것은 남의 이야기일 뿐입니다. 단순히 이용하지 마십시오. 자신도 만족하지 못합니다.

당신은 지금까지 남의 이야기를 수도 없이 듣지 않았습니까? 그런 이야기를 듣고 달라진 것이 있습니까? 당신의 인생이 통째로 변했습니까? 나는 천재적인 책을 20페이지 읽고 내 인생이 통째로 변했습니다. 이것이 바로 천재적인 책의 위력입니다.

하나님의 지혜는 이렇게 전해야 합니다.

첫째, 남의 이야기가 아닌 당신의 깨달음을 전하라.
둘째, 짜깁기하지 말고 하나님의 지혜를 전하라.
셋째, 온전한 믿음으로 하나님의 사랑을 전하라.

당신도 나처럼 천재적인 책을 쓰십시오. 내 책은 명품입니다. 남의 이야기가 아닌 내 삶과 깨달음을 적었기 때문입니다. 하나님의 지혜를 담았습니다. 하나님께서 주신 깨달음을 적었습니다.

천재적으로 책을 쓰는 방법을 나에게 배우십시오. 천재적인 삶을 사는 것을 배우십시오. 하나님을 믿는 자에게는 능력이 있습니다. 하나님께서 그렇게 이끄시기 때문입니다. 지금 당장 배우십시오. 당신의 삶이 통째로 바뀔 것입니다. 당신도 천재가 되십시오. 천재적인 삶을 사십시오. 당신의 책이 기대됩니다.

천재작가 장열정의 이야기와 깨달음 - 제 31 장
최고의 마케팅 방법은 책 마케팅이다

당신은 마케팅 교육을 들어봤습니까?

나는 마케팅 교육을 참 많이 들어봤습니다. 유명한 사람들의 교육도 들어봤습니다. 블로그 교육도 많이 들었습니다. 온라인 카페 교육도 마찬가지입니다. 등록비를 지불하고 교육받은 것이 대부분이고 나머지는 지인들에게 자료를 받아 보았습니다.

나는 세 번의 직장에서 마케팅을 했습니다. 대학에서도 홍보 마케팅을 전공했습니다. 마케팅에 대한 전반적인 내용은 대부분 알고 있습니다. 대학 졸업 작품을 준비하면서 마케팅에 대한 많은 깨달음을 얻었습니다. 그래서 마케팅은 자신이 있었습니다.

졸업 작품을 1년 내내 준비했습니다. 패밀리 레스토랑 마케팅을 분석해서 실제로 적용해 보는 것이 목표였습니다. 나는 패밀리 레스토랑을 많이 가보지 않았습니다. 졸업 작품을 준비하면서 패밀리 레스토랑에 많이 가 봤습니다.

나는 패밀리 레스토랑이 비싸다는 생각을 했습니다. 다양하고 맛있는 음식이 없다고 생각했습니다. 졸업 작품을 하면서 이런 생각이 없어졌습니다. 내가 고객이 되어야만 마케팅을 할 수 있다고 생각해서 자주 가 봤습니다. 고객이 되기 위해 노력했던 것입니다. 나는 결국 진정한 고객이 되었습니다.

내가 고객이 되니 마케팅 전략이 세워지기 시작했습니다. 마음 맞는 친구와 매일 1시간이 넘는 이동 시간에 회의를 했습니다. 실제로 10명의 조원이 있었지만 졸업 작품을 준비하는 사람은 나와 친구 둘뿐이었습니다. 그래도 나는 정말 재미있었습니다.

교수님에게는 매번 칭찬을 들었습니다. 바로 적용해도 될 정도로 괜찮은 아이디어들이 있다면서 응원해 주셨습니다. 그렇게 1학기가 지났습니다. 나는 2학기 개강을 기다리고 있었습니다. 학교 다니면서 2학기를 이토록 기다렸던 적이 없었습니다. 내 머릿속에는 마케팅 아이디어가 넘치고 있었고 매일 그 생각에만 빠져 있었습니다. TV를 보면서도 적용할 수 있는 광고가 무엇이 있는지 유심히 지켜보았습니다.

드디어 2학기 졸업 작품 발표하는 날이 되었습니다. 나는 발표자였습니다. 발표 자료도 준비하고 영상도 만들었습니다. 발표가 끝나고 호응도 매우 좋았습니다. 하지만 안타깝게도 2등을 했습니다. 나에게는 1등과 같은 아주 값진 경험이었습니다.

내 마케팅 인생은 이때부터 시작되었습니다. 나는 첫 번째 직장에서도 마케팅 부서에 취직했고 두 번째 직장에서도 미디어와 관련된 일을 하게 되었습니다. 세 번째 직장에서는 마케팅팀 팀장으로 일하며 그동안의 모든 노하우를 적용하여 마케팅 전문가로 자리 잡았습니다.

나는 마케팅 전문가가 되었지만 마음 한 구석에는 약간의 찜찜이 있었습니다. 마케팅 방법에는 다양한 방법이 있습니다. 좋은 방법도 있고 좋지 않은 방법도 있습니다. 좋은 방법은 모두가 알고 있지만 좋지 않은 방법은 대부분 모릅니다.

나는 좋지 않은 방법을 많이 알고 있었습니다. 나는 이제 좋지 않은 방법의 마케팅은 하지 않습니다. 더 이상 그 방법을 쓰지 않기로 했습니다. 내 사업이 잘 되는 것보다 내 양심이 중요했습니다. 내 비전은 어려운 사람들을 돕는 것입니다. 하지만 좋지 않은 방법으로 하고 싶지 않았습니다. 정정당당한 방법으로 하고 싶었습니다. 그리고 독하게 마음먹었습니다. 하지만 쉽지 않았습니다.

나는 천재멘토를 만나고 그 방법을 모두 끊었습니다. 천재멘토의 한마디로 인해 단번에 끊을 수 있었습니다.

"하나님이 싫어하는 것은 하면 안 됩니다."

나는 이 한마디에 내 식습관, 내 마케팅 방법, 나의 안 좋은 습관 모두를 끊어 버렸습니다. 그것은 하나님께서 좋아하시지 않는 것들이기 때문에 단번에 끊을 수 있었습니다.

천재멘토는 나에게 하나님의 마케팅 방법을 알려주었습니다. 하나님께서 하신 방법으로 마케팅을 하면 하나님께서 그것들을 이루어 주십니다. 하나님께서 함께 하시기 때문입니다.

나는 다른 사람이 보기에는 마케팅 전문가였습니다. 실제로 많은 사람들이 나에게 많은 도움을 받았습니다. 하지만 내 수준은 바닥이었습니다. 지금은 최고의 방법으로만 마케팅하고 있습니다.

나는 마케팅으로 깨달은 것이 몇 가지 있습니다.

첫째, 마케팅은 진심으로 하는 것입니다.

진심으로 마케팅을 해야 합니다. 그래야만 고객이 진심으로 받아들입니다. 단순히 돈을 벌기 위한 마케팅은 장사꾼에 불과합니다. 전문가로 인식되려면 진심으로 고객을 생각해야 합니다.

둘째, 정당한 방법으로 마케팅 해야 합니다.

정당한 방법으로 마케팅을 하면 그만큼 정당하게 돈을 벌 수 있습니다. 정당한 마케팅을 통해 당신을 찾아온 고객은 당신에게 정당하게 돈을 지불할 것입니다.

셋째, 최고의 방법만 고집하십시오.

최고의 방법만 고집하십시오. 이것저것 다 해보는 것도 좋습니다. 하지만 오래 유지하지 못할 것입니다. 나 또한 그랬습니다. 잠깐 하고 말 것이라면 아예 시작하지 마십시오. 시간과 비용을 아껴서 최고의 방법만 고집하십시오.

넷째, 최고의 마케팅은 책 마케팅입니다.

지혜의 하나님에게는 최고의 방법이 있습니다. 바로 하나님께서 하시는 책 마케팅입니다. 하나님은 바이블 마케팅을 하셨습니다.

나는 하나님의 방법대로만 마케팅하고 있습니다. 책을 써서 전국과 세계에 당신을 알리십시오. 천재적으로 마케팅 하십시오. 하나님의 방법으로 마케팅 하십시오.

하나님은 지혜로우신 분입니다. 더 이상 어리석은 방법으로 마케팅 하지 마십시오. 나는 어리석은 마케팅 방법을 쓰레기통에 갖다 버렸습니다. 당신도 갖다 버리십시오. 모두 불태워 버리십시오.

나는 지혜로운 사람입니다. 똑같은 실수를 하지 않습니다. 하나님은 우리에게 지혜를 주셨습니다.

당신도 지혜롭기 원합니까?

하나님께 지혜를 달라고 기도하십시오. 하나님께서는 이미 당신에게 지혜를 주셨습니다. 그러니 당신은 감사의 기도를 하면 됩니다. 나를 따라 해보십시오.

"하나님 감사합니다. 나에게 지혜를 주셔서 감사합니다. 나는 하나님 방법대로만 마케팅 할 것입니다. 하나님께서 알려주신 방법으로만 하겠습니다. 이것이 최고임을 고백합니다. 하나님 사랑합니다. 예수님의 이름으로 기도합니다. 아멘."

천재작가 장열정의 이야기와 깨달음 - 제 32 장

다른 사람을 성공시키는 것이 최고의 마케팅이다

당신은 사업 수입을 빠르게 얻고 싶습니까?

나는 그 방법을 알고 있습니다. 나는 사업 시작 후 첫 수입이 일주일 만에 생겼습니다. 그것도 고액으로 말입니다. 퇴사 후 일주일 동안 쉬고 싶었지만 그럴 수 없었습니다. 가족이 있었기 때문입니다. 나는 불안한 마음이 있었습니다. 그래서 일주일 동안 수입을 내기 위해 노력했습니다. 결국 일주일 만에 고액수입이 생겼습니다.

직장에서 두 달 동안 일해야 벌 수 있는 돈이 일주일 만에 생겼습니다. 두 달 동안 가족들과 이야기도 못하고 아침 일찍 출근해서 저녁 늦게 들어오는 생활을 반복해야만 벌 수 있는 돈을 일주일 만에 벌었습니다. 나는 믿기지 않았습니다. '어떻게 일주일 만에 고액수입이 생길 수 있지?'라는 생각도 들었습니다.

나는 일을 많이 하는 편입니다. 일하는 속도도 빠른 편입니다. 일을 빠르게 진행해서 수입이 생긴 것입니다. 여기서 중요한 것은 빠르게 하는 것이 아닙니다. 일을 빠르게 제대로 한다는 것이 중요합니다.

나는 수입을 빠르게 내기 위한 방법을 알고 있었습니다. 사람들을 많이 초청해서 강연을 했고 코칭을 통해 수입을 올렸습니다. 나는 코치할 때 진심으로 고객을 대합니다.

　나는 사람들을 진심으로 돕고 있습니다. 코치할 때 진심을 전하면 그 사람은 내 사람이 됩니다. 그리고 내 모든 노하우를 전해 줍니다. 모든 방법을 알려줘야 하는 사람이 있는 반면에 한 가지 방법만 알려줘도 성공하는 사람이 있습니다. 당신은 어떻습니까?

　당신의 성공 기준은 행복입니까?

　나는 행복하게 살고 있습니다. 성공하기 위해 나를 찾아오는 사람들이 많습니다. 그 사람들은 단지 돈을 많이 벌기 위해 나를 찾아오는 것입니다. 나는 그들에게 이렇게 말합니다.

　"행복에 대한 간절함이 없다면 당신을 도울 수 없습니다. 정말 행복하길 원합니까?"

　나는 나에게 코칭 받은 고객들의 공통점을 찾았습니다. 그들도 나와 마찬가지로 남을 도우며 살기 원한다는 것입니다. 대부분 자신과 같은 상황에 처한 사람들을 돕기 원합니다. 이를 통해 억만장자의 삶을 산다면 누구보다 행복할 것입니다.

　나는 그렇게 살고 있습니다. 나는 당신도 진심으로 도울 것입니다. 당신이 당신과 같은 상황에 처한 사람들을 돕기 원한다면 그 방법을 알려줄 것입니다. 그보다 먼저 당신이 누구보다 행복해야 합니다. 당신의 행복을 전해야 합니다.

　이것이 바로 하나님의 방법입니다. 나는 남을 진심으로 돕는 방법을 선택했습니다. 마케팅 방법은 너무나 많습니다. 나는 마케팅 방법을 많이 알고 있습니다. 나는 마케팅 전문가입니다. 내가 아는 마케팅 방법 중에 가장 강력한 것은 하나님의 방법입니다.

　하나님의 방법은 사랑입니다. 하나님은 당신을 사랑하십니다. 나는 나에게 찾아오는 사람들을 사랑하는 마음으로 대합니다. 진심으로 잘 되기 바라는 마음으로 최선을 다합니다.

나는 하나님의 방법대로 마케팅을 합니다. 많은 사람들을 대상으로 하기보다 한 사람을 소중히 여기고 사랑하는 마음으로 도와줍니다. 그리고 기도합니다. 그들은 나의 사랑을 느낍니다. 그들은 나를 통해 하나님의 사랑을 느끼게 됩니다.

나는 나에게 찾아오는 사람들의 행복을 위해 기도합니다. 성공을 위해 기도합니다. 당신도 성공해야 합니다. 당신도 부자가 되어야 합니다. 이것이 당신을 향한 하나님의 사랑입니다.

당신도 성공하고 싶지 않습니까?

당신도 행복해지고 싶지 않습니까?

나는 성공해서 행복한 것이 아닌 행복해서 성공했습니다. 어떤 돈을 주어도 내 행복과는 바꿀 수 없습니다. 당신도 하나님의 방법대로 마케팅을 하십시오. 최고의 경험을 하게 될 것입니다.

그럼 하나님의 방법에는 어떤 것이 있을까요?

첫째, 하나님은 당신이 행복하게 살기를 진심으로 바라십니다.

나는 행복을 위한 것만을 선택합니다. 물건 구매도 마찬가지입니다. 다른 것을 선택할 이유가 없습니다. 당신의 잘못된 선택이 당신을 불행하게 만드는 것입니다. 당신은 행복해야 할 자격이 있습니다. 당신은 누구보다 행복해야 합니다. 이것이 하나님의 사랑입니다.

둘째, 하나님은 당신의 성공을 진심으로 바라십니다.

나도 진심으로 당신의 성공을 원합니다. 당신은 성공해야만 합니다. 나는 그것을 통해 행복을 느낍니다. 하나님께서 주신 마음입니다. 당신이 나보다 성공해야 합니다. 이것이 하나님의 진정한 사랑입니다.

셋째, 하나님은 당신을 진심으로 도우실 것입니다.

나도 당신을 진심으로 돕고 끝까지 도울 것입니다. 당신이 나를 떠나지 않는다면 나는 당신을 끝까지 도울 것입니다. 나는 이런 마음으로 끝까지 돕습니다. 이것도 하나님께서 주신 마음입니다.

당신은 행복하게 살아야 합니다. 당신은 행복하기 위해 사업을 해야 합니다. 당신도 당신과 같은 상황에 처한 사람들을 도와야 합니다. 나는 내가 행복해지기 위한 선택만 합니다. 나는 더 이상 나를 불행하게 만드는 것을 선택하지 않습니다. 하나님께서는 당신이 불행하게 사는 것을 원하지 않으십니다.

이제 당신이 행복하게 살 차례입니다. 이제 더 이상 방황하지 말고 행복해지기 위한 방법을 선택하십시오. 하나님의 방법으로 마케팅을 해서 당신과 같은 어려움을 겪고 있는 사람들을 도우십시오. 그들에게 행복하게 사는 방법을 알려주십시오. 이것이 당신이 해야 할 역할입니다. 이것이 당신을 향한 하나님의 사랑입니다. 하나님은 당신을 사랑하십니다. 이제 당신도 하나님을 사랑하십시오.

천재작가 장열정의 이야기와 깨달음 - 제 33 장

천재코치를 만나고 당신도 코치가 되라

당신은 코치가 되고 싶습니까?

나는 천재코치가 되었습니다. 코치는 지도하며 가르치는 사람을 말합니다. 나는 많은 사람들에게 1인창업 노하우를 전하고 있으며 책쓰기학교와 강연학교 코치를 하고 있습니다.

나는 코치가 되는 방법이 궁금했습니다. 그보다 나는 내 코치를 찾고 싶었습니다. 내가 코치라고 생각했던 사람들이 몇몇 있었습니다. 하지만 시간이 지나면서 자연스럽게 코치를 떠나게 되었습니다. 진정한 코치가 아니었던 것입니다. 진정한 코치라고 생각했다면 그들 곁을 떠나지 않았을 것입니다.

사람들은 누구나 자신의 코치를 찾습니다. 자신의 부족한 부분을 채우기 위해서 코치를 찾습니다. 나도 그랬습니다. 계속해서 코치를 찾고 있었습니다. 내가 코치라고 생각하는 사람이 있다면 당장 찾아가서 만나곤 했습니다. 하지만 그때마다 내 코치를 찾지 못했습니다.

나는 최근에 천재멘토를 만났습니다. 그동안 코치를 만나서는 내 부족함의 일부분만을 채웠습니다. 하지만 이번에는 달랐습니다. 내 삶 전체가 바뀌었습니다. 의식 수준도 높아졌습니다. 가족도 변화되었습니다. 인생이 통째로 바뀌었습니다.

나는 직장 생활하면서 살이 많이 쪘습니다. 그래서 그 좋아하는 운동도 하지 못했습니다. 하지만 이 무엇보다 가장 중요한 것은 바로 식습관에 문제가 있었습니다. 내가 먹는 음식에 문제가 있었습니다. 몸에 좋지 않은 음식만 먹고 있었습니다.

나는 천재멘토의 조언대로 식습관을 바꿨습니다. 두 달 만에 7kg가 빠졌습니다. 물론 나는 한 달 만에 8kg를 뺀 적이 있습니다. 그때는 먹지 않고 운동만 했었습니다. 하지만 이번에는 달랐습니다. 마음껏 먹고 가벼운 산책만 했습니다. 살이 저절로 빠졌습니다. 피곤함도 없어졌습니다. 아픈 것도 없어졌습니다. 몸이 건강해졌습니다. 정말 신기합니다. 건강하게 사는 비결을 알게 되었습니다.

나는 천재멘토에게 사업도 코치 받았습니다. 매일 같이 노예처럼 일하는 것이 아닌 천재적으로 일하는 방법을 배웠습니다. 그래서 나는 열심히 일한 다음 성공해서 가족과 시간을 보내는 것이 아니라 가족과 산책하고 난 다음에 일합니다. 여행가고 난 다음에 일합니다. 실컷 자고 난 다음에 일합니다. 실컷 놀고 난 다음에 일합니다. 자유롭게 하고 싶은 것을 다하고 일합니다. 정말 천재적인 방법 아닙니까?

나는 천재멘토에게 가장 행복하게 사는 방법에 대해서 코치 받았습니다. 나는 정말 행복합니다. 가족과 함께 가장 행복한 시간을 보내고 있습니다. 내가 가장 행복한 사람이 되니 가족이 행복해집니다. 내 아내와 자녀가 행복하니 부모님께서 행복해 하십니다.

나는 그토록 찾던 내 코치를 찾았습니다. 내가 그동안 봐왔던 코치들은 행복하게 사는 것이 서툴렀습니다. 하지만 내가 만난 천재멘토는 정말 행복한 삶을 살고 있었습니다. 매일 행복의 말을 전하고 있었습니다. 그 행복이 나에게 전염되었습니다. 나도 정말 행복합니다.

나는 이렇게 기쁜 소식을 친구에게 전했습니다. 그런데 친구는 나에게 이렇게 말하는 것입니다.

"그럼 그 사람의 코치는 누구일까?"

나는 주저 없이 바로 대답할 수 있었습니다. 나는 알고 있었습니다. 천재멘토의 코치는 바로 하나님입니다. 예수님입니다. 성령님입니다. 이 모든 것은 성경을 통해 배운 것입니다. 깨달은 것입니다. 정말 놀라운 깨달음 아닙니까?

사람에게서는 도저히 나올 수 없는 깨달음입니다. 나는 누군가의 깨달음을 듣고 이렇게까지 놀라 본 적이 없습니다. 나와 동업을 했던 형이 나에게 이런 이야기를 했습니다.

"장열정, 너는 시간이 지나면 그 코치처럼 될 거야. 그러니까 배우지 말고 네가 하는 대로 하면 될 것 같아. 안 그래?"

나는 이렇게 대답했습니다.

"내가 천재멘토에게 배우지 않았다면 나는 절대 이렇게 행복하게 살 수 없었을 겁니다. 다른 부분들은 비슷하게 따라 할 수 있었겠지만 그것 또한 겉모습만 따라 할 수 있었을 것입니다. 하지만 행복은 절대 따라 할 수 없었을 겁니다. 사업도 마찬가지입니다. 정말 천재적인 방법을 배웠어요. 세월을 벌어야 합니다. 시간이 정말 무엇보다 소중합니다. 나는 10년도 아니고 20년, 30년의 세월을 벌었습니다."

나는 행복하게 사는 방법을 배웠습니다. 나는 세월을 벌었습니다. 내 선택이 가장 현명한 방법입니다. 많은 사람들은 자신의 생각과 선택을 바꾸지 않고 엄청나게 큰 변화를 원합니다. 정말 말도 안 되는 일입니다. 자신이 변하지 않고 어떻게 행복을 원하며 변화를 원합니까? 그렇게 어리석은 일이 어디 있습니까?

나는 내가 먼저 변했습니다. 최고의 남편에게는 최고의 아내가 있습니다. 최고의 아내에게는 최고의 남편이 있습니다. 그래서 나는 내가 먼저 최고의 남편이 되기로 했습니다. 최고의 부모에게는 최고의 자녀가 있습니다. 내가 먼저 최고의 부모가 되기로 했습니다.

나는 깨달음을 얻었습니다.

첫째, 천재코치를 만나고 코치 받은 대로 실천하십시오.

코치를 만났다면 코치가 이야기하는 것을 믿고 그대로 해보십시오. 코치를 만났지만 변화 없이 사는 사람들이 있습니다. 코치가 이야기해준 대로 믿고 따르면 그대로 됩니다. 이미 그렇게 해서 결과가 나타났으니 당신에게 이야기하는 것입니다. 그대로 믿고 해보십시오. 정말 그렇게 됩니다. 당연한 일 아닙니까?

당신은 코치가 되고 싶습니까? 당신은 코치를 잘 따르고 있습니까? 당신조차 코치를 따르지 않는데 당신이 코치가 된다는 게 말이 됩니까? 코치가 되려면 먼저 코치를 믿고 따르십시오. 그래야 당신이 코치가 됩니다. 누군가를 이끌기 전에 누군가를 먼저 믿어 보십시오.

둘째, 하나님께서 보내 주신 코치를 만나십시오.

처음부터 끝까지 하나님을 경외하는 코치를 만나십시오. 모든 것을 성경을 통해 깨달음을 얻고 말하는 코치를 만나십시오.

셋째, 최고의 코치는 하나님이십니다.

당신은 코치가 되고 싶습니까?

그렇다면 당신의 코치를 찾으십시오. 그리고 코치가 온전한 복음을 깨달았다면 그대로 믿고 따르십시오. 코치를 만났음에도 혼자만의 생각과 고집으로 아무 변화 없이 고민하는 시간만 보내지 마십시오. 그동안 살아왔던 생각과 방식이 아닌 하나님께서 주시는 깨달음을 전하는 코치를 믿고 따르십시오.

    나는 코치를 믿고 잘 따랐습니다. 나는 무엇보다 행복하게 사는 방법을 그대로 따라 했습니다. 믿고 행하니 정말 행복해집니다. 행복이 넘쳐흐릅니다.

    매일 카페에 가서 성령님과 함께 책을 읽고 깨달음을 얻습니다. 그리고 가족과 산책을 합니다. 가족과 건강한 음식을 먹습니다. 그리고 자유로운 시간을 보냅니다. 사고 싶은 것이 있으면 삽니다. 가고 싶은 곳이 있으면 갑니다. 정말 행복을 누리고 있습니다. 나는 이를 통해서 하나님의 사랑을 전하고 있습니다. 정말 놀라운 일 아닙니까?

    혼자만의 생각과 그동안의 살아온 방식으로 인해 당신이 고통 받고 있다면 그 모든 것을 쓰레기통에 갖다 버리십시오. 주저하지 마십시오. 세월을 버십시오. 시간이 가장 소중합니다. 내일이 오지 않을 수 있습니다. 지금 당장 선택해야 합니다.

    그리고 당신이 코치가 되십시오. 당신과 같은 어려움을 겪는 사람들의 코치가 되십시오. 그리고 그들을 마음껏 도우십시오. 그들이 진정으로 행복하게 사는 방법을 알려주십시오. 이것이 나와 당신이 해야 할 역할입니다. 온전한 복음을 전하는 행복한 코치가 되십시오.

천재작가 장열정의 이야기와 깨달음 - 제 34 장

직원의 의식 수준을 높여라

당신은 직원을 채용해 본 적이 있습니까?

나는 직원이 있었습니다. 자동차 용품 전문점을 운영할 때 직원이 있었습니다. 나는 직원과 가족같이 지냈습니다. 많은 시간을 함께 보내지 못했지만 짧은 시간 동안 서로에게 마음을 다했습니다. 하지만 나는 그 직원을 떠나보내야만 했습니다.

나는 직원을 생각하면 마음이 아픕니다. 나와 이야기도 잘 통하고 함께 성장하는 좋은 관계였습니다. 나는 직원의 생각을 존중해 주었습니다. 직원의 이야기를 잘 들어주었습니다. 직원도 내게 그렇게 대했습니다. 서로에게 진심을 다했습니다.

내가 직장에서 겪었던 것과는 다르게 대했습니다. 그래서 자유롭게 일하는 환경을 만들어 주었고 편하게 일하는 환경을 만들어 주었습니다. 그리고 내가 먼저 일했습니다. 내가 누구보다 열심히 했습니다.

내 모습을 보고 직원이 더 열심히 할 수밖에 없었습니다. 나는 직장에서 사장님이 일하지 않은 것을 굉장히 싫어했습니다. 단순히 말만 하는 것이 정말 싫었습니다. 자신이 하지 못하는 일을 나에게 시킨다고 항상 불평과 불만을 가지고 있었습니다.

나는 똑같은 사장이 되기 싫었습니다. 그래서 말보다는 행동으로 보여주었습니다. 그랬더니 처음에는 직원이 잘 움직였습니다. 하지만 나도 지치게 되고 직원 역시 힘들어했습니다. 조금 쉴 때도 있어야 하고 여유롭게 일할 때도 있어야 했습니다. 그렇지만 나는 매일 야생마처럼 달리고 달렸습니다.

나는 자동차 용품 전문점 문을 닫을 때 깨달았습니다. 여유가 없는 삶이 내 발전과 성장을 막았습니다. 나는 직원의 발전과 성장도 막았습니다. 내가 하는 것만 보고 따라 하니 발전이 있을 수 없었습니다. 다른 좋은 방법을 생각하지 않고 그저 한 가지 방법만 고집했습니다.

나는 블로그 운영만 고집했던 것입니다. 다양하고 좋은 방법들이 너무나 많았습니다. 하지만 나는 블로그 운영으로 단기간에 많은 효과를 볼 수 있었기 때문에 그것에만 집착했습니다. 네이버에서 블로그를 운영했었는데 네이버 블로그 시스템이 바뀔 때마다 블로그 운영자들이 혼돈에 빠졌습니다.

블로그 마케팅을 하는 대부분의 업체들이 휘청했을 것입니다. 나도 직원과 좋은 블로그를 만들기 위해 노력했습니다. 내 실력은 거기까지였습니다. 그 방향만을 고집할 것이 아니라 지속적으로 발전 가능한 마케팅 방법을 찾았어야 했습니다.

나는 그렇게 직원을 떠나보냈습니다. 마지막까지 최선을 다하는 모습을 보이고 싶었습니다. 마지막까지 힘들었지만 최선을 다했습니다. 마지막 대우도 최선을 다해 해줬습니다. 하지만 남은 것은 아무것도 없었습니다. 결국 뿔뿔이 흩어졌습니다.

나는 실패 경험을 발판 삼아 그 전과는 다른 삶을 살고 있습니다.

나는 여기서 또 다른 깨달음을 얻었습니다.

첫째, 나부터 의식 수준을 높여야 한다.
둘째, 직원의 의식 수준도 함께 높여라.
셋째, 직원의 의식 수준에 맞는 일을 자유롭게 하게 하라.

나는 직원이 힘들어 하거나 힘없는 모습을 보일 때 이해되지 않았습니다. 하지만 내가 직원 입장에서 생각해보면 너무나 이해가 잘 됩니다. 내가 그렇게 싫어하던 사장님의 모습을 내가 그대로 하고 있던 것입니다.

나는 직원을 고용하고 직원의 의식 수준을 높여 줄 것입니다. 의식 수준에 맞게 고액수입을 올릴 수 있도록 할 것입니다. 그리고 직원을 고용할 때도 신중을 가하고 책임질 것입니다. 다시는 그렇게 마음 아프게 떠나보내지 않을 것입니다. 나처럼 회사를 세울 수 있도록 도울 것입니다. 나와 함께 성장할 수 있도록 도울 것입니다.

경쟁하고 시기하면 발전이 없습니다. 어느 정도의 경쟁은 필요하지만 발전을 위한 경쟁이 아닌 경쟁을 위한 경쟁을 한다면 우물 안에 썩은 개구리가 되는 것입니다.

직원도 성장할 수 있게 자유로운 환경을 만들어 줘야 합니다. 직원이 내 비전과 같다면 함께 성장하고 발전해 가야 합니다. 그에게 많은 기회를 줘야 합니다. 나는 전적으로 도와줄 것입니다.

나는 직원을 언제 채용할지 모르겠습니다. 하지만 얼마 지나지 않아 채용할 것입니다. 나와 비전이 맞는 사람이라면 함께 성장하는 관계가 될 것입니다. 자유롭게 날개를 펼칠 수 있게 해줄 것입니다.

당신은 이런 직장에 다니고 있습니까?

그런 직장이 아니라면 지금 당장 창업을 준비하십시오. 일정 기간 동안 일하는 직원으로만 남지 마십시오. 당신은 그럴 사람이 아닙니다. 당신만의 날개를 펴고 넓은 세계로 나가야 합니다.

이제 당신은 고용되는 사람이 아니라 고용하는 위치에 서십시오. 그리고 당신처럼 고생하는 직원들의 꿈을 펼쳐 주십시오. 나는 그렇게 할 것입니다. 나는 직원의 날개를 펼쳐 직원도 성공하게 할 것입니다.

천재작가 장열정의 이야기와 깨달음 - 제 35 장

창업 시작했으면 성공할 때까지 포기하지 마라

당신은 자주 포기하는 편입니까?

나는 포기하지 않습니다. 시작하면 끝을 봅니다. 나는 많은 일을 시작하지 않습니다. 확실한 일만 시작하기 때문에 포기하지 않습니다. 좋아하는 일만 하기 때문에 포기할 수 없습니다. 하고 싶은 일만 하기 때문에 포기라는 단어가 생각나지 않습니다.

나는 예전에 포기를 자주 하는 편이었습니다. 나는 남들이 좋다고 하는 일은 무작정 시작했습니다. 일을 자주 벌려 놓는 타입이었습니다. 수습이 되던 안 되든 일단 저지르고 보는 스타일이었습니다. 하지만 수습하지 못한 일은 하나도 없습니다.

내 빈자리에는 항상 누군가가 나를 대신했고 내가 마무리하지 못한 일은 매번 잘 마무리되곤 했습니다. 나는 시작한다는 것에 큰 의미를 두고 살았습니다. 시작 조차하지 못하는 사람들이 많았습니다. 나는 이해가 되지 않았습니다.

당신은 새로운 시작을 즐깁니까?

나는 새로운 일을 좋아합니다. 새로운 일을 시작한다는 것은 신나는 일이기 때문입니다. 하지만 새로운 일을 한다는 것은 신나기도 하지만 두렵기도 합니다. 한 번도 해보지 못한 일을 한다는 것에 대한 막연한 두려움이 생기기 마련입니다.

하지만 일단 시작하고 나면 두려움은 없어집니다. 새롭게 시작하는 것에 대해 어색했던 것들이 익숙해지면 편안해집니다. 편안해지면 능숙해집니다. 나는 이런 경험이 많기 때문에 새로운 경험을 매우 즐기는 편이었습니다.

나는 새로운 일에 대한 두려움이 없어진 계기가 있습니다. 아버지는 집을 짓기로 결정하셨고 나는 집 짓는 일을 도왔습니다. 단순히 참여하는 수준이 아니었습니다.

아버지는 처음부터 끝까지 모두 관여하셨습니다. 건축 일을 하셨던 지인의 도움을 받아 자체적으로 집을 짓기 시작했습니다. 아버지와 동생과 함께 집 짓는 일을 전적으로 했습니다. 나는 모든 작업의 도우미 역할을 했습니다.

건물이 세어진 후에는 건물 안을 채우기 시작했습니다. 계단 난관, 베란다 난관, 화장실 바닥 누수 방지 작업, 옥상 화단 작업 등 수많은 작업을 했습니다. 기술자가 매일 같이 왔습니다. 나는 매번 다른 작업을 도와주면서 자연스럽게 기술을 익히게 되었습니다.

나는 작업을 할 때마다 느끼는 것이 있었습니다. '아, 간단하네. 원리만 알면 나 혼자서도 할 수 있겠네.' '아, 이 작업은 그때 그 작업이랑 똑같네.' 새로운 작업을 할 때마다 어려움을 느끼는 것이 아니라 이제는 쉽게 느껴지기까지 했습니다.

실제로 아버지는 건물이 지어지고 난 뒤에 나와 동생과 함께 여러 가지 구조물도 세웠으며 기술자 없이 집 안 곳곳을 채우기도 했습니다. 새로운 작업을 할 때마다 기대감이 들기도 했습니다.

물론 나는 힘들었습니다. 하지만 건물이 지어지고 난 뒤에는 말할 수 없는 기쁨과 뿌듯함이 있었습니다. 집을 짓기까지 과정은 너무나도 힘들었지만 가족의 사랑을 느낄 수 있었습니다.

나는 집을 지으면서 새로운 일에 대한 익숙함이 생겼습니다. 그리고 새로운 일에 대한 두려움도 없어졌습니다. 집을 짓기 시작할 때에는 막막하고 두려웠지만 지어진 뒤에 느껴지는 뿌듯함과 행복은 말로 표현할 수 없습니다.

내가 새로운 일을 시작했다고 하면 사람들은 놀랍니다. 나는 내가 하고 싶은 일을 찾아다니기 때문에 직장도 세 번이나 이직했고 창업도 여러 번했습니다. 나는 당연하다고 생각했습니다. 내 인생을 위해서 그리고 내 가족을 위해서 더 좋은 환경을 찾아가는 것은 당연하다고 생각했습니다.

지금도 마찬가지입니다. 다른 사람들은 나를 이해하지 못합니다. 오랫동안 한 곳에 정착해서 안정된 생활을 하는 것이 답이라고 이야기합니다. 나는 그들에게 이렇게 이야기합니다.

"나는 내 인생이 제자리에 머무는 것을 싫어합니다. 나는 내 꿈과 비전을 위해서 계속해서 달릴 것입니다. 내 가족을 위해서 목숨 걸고 달릴 것입니다."

내 마음은 변함이 없습니다. 나는 평생 이렇게 살 것입니다. 나는 포기할 것 같은 일은 아예 시작하지 않습니다. 나는 내가 좋아하는 일을 하고 내가 하고 싶은 일을 하고 내 꿈을 이루는 일을 하기 때문에 포기할 수도 없고 포기하고 싶은 마음도 들지 않습니다.

당신도 그렇게 하십시오. 절대 포기하지 마십시오. 당신의 꿈을 위한 일이라면 다른 어떤 이의 말도 듣지 말고 당신의 꿈을 위해 전력질주하십시오. 힘껏 달려 보십시오. 당신의 인생을 멈추지 마십시오.

계속해서 성장하고 발전하십시오.

당신은 지금 어디에 머물러 있습니까?

나는 절대 머물러 있지 않습니다. 나는 1인창업을 했습니다. 나는 세계적인 사업가, 강연가, 작가의 길을 가고 있습니다. 나는 더 높이 날 것이고 더 멀리 뛸 것입니다. 나는 이미 그렇게 되었습니다. 당신도 세계적인 사업가, 강연가, 작가의 길을 가십시오. 행복이 넘치는 길입니다. 이것이 하나님과 함께하는 최고의 삶입니다.

천재작가 장열정의 이야기와 깨달음 - 제 36 장

한번 실패로 절망하지 말고 다시 창업하라

당신은 작은 것에 만족해서 한 순간에 무너진 경험이 있습니까?

나는 작은 것에 만족해서 창업을 실패한 경험이 있습니다. 나는 사업가인 아버지의 조언으로 자동차 용품 전문점을 운영하기로 했습니다. 그 전에 나는 선교 단체에서 간사로 헌신하고 있었습니다. 나는 선교 단체에서 많은 것을 배웠습니다. 돌이켜보면 모든 것이 은혜롭습니다. 결혼하고 두 달 후에 사업을 시작했습니다. 이것이 나의 첫 번째 창업입니다.

자동차 용품 전문점을 운영한 지 3개월 만에 블로그가 대박이 나서 손님이 끊이질 않았습니다. 아침부터 저녁 10시까지 정신없이 손님을 받으면서 대박 가게 사장으로 살았습니다.

내 첫 번째 창업은 탄탄대로였습니다. 매장은 외진 곳의 위치하고 있었습니다. 그래서 온라인 마케팅이 꼭 필요했습니다. 나는 이미 세 번의 직장 경험을 통해 마케팅 전문가라고 생각하고 있었습니다. 하지만 막상 현실은 그렇지 않았습니다.

그래서 나는 온라인 마케팅 교육을 수강하기 시작했습니다. 파워블로거에게 개인적으로 연락해서 고액과외를 받기도 했습니다. 또한 블로그와 온라인 카페 교육하는 유명 강사에게 교육을 받기도 했습니다. 교육의 효과는 단기간에 나타났습니다.

내가 운영하는 블로그에 많은 사람들이 방문했습니다. 운영하는 블로그는 3개 이상이었습니다. 내 블로그에 찾아오는 사람들은 하루에 약 1만 명 정도가 되었습니다. 수입은 날마다 늘어났고 돈에 대해 자유로워지는 경험을 하게 되었습니다.

블로그를 운영하면서 많은 사건이 있었습니다. 내 블로그를 많은 사람들이 찾다 보니 말도 많고 탈도 많았습니다. 시기와 질투, 경쟁이 끊이질 않았습니다. 이제 막 자동차 용품 업계에 뛰어든 나를 견제하는 사람들이 많았습니다.

나는 아랑곳하지 않았습니다. 오히려 블로그를 하나 더 추가하여 운영했습니다. 나에게 욕심이 생긴 것입니다. 나를 견제하는 모든 이들에게 본때를 보여주고 싶었습니다. 그렇게 시간이 지났습니다.

나는 지쳐 가고 있었습니다. 나는 오로지 그들을 이기기 위한 사업 운영을 하고 있었습니다. 나를 위한 사업이 아니었습니다. 또한 가족을 위한 사업도 아니었습니다.

사업이 어떻게 될 것 같습니까? 당신도 예상이 될 것입니다. 얼마 지나지 않아 가게 문을 닫기로 결정했습니다. 그 이유는 여러 가지가 있었습니다. 업계 시장의 발전 가능성을 찾지 못해서 그만두기로 결정한 것도 있지만 무엇보다도 나 자신이 지치고 힘들었습니다. 사업을 발전시키려고 하는 것이 아니라 오로지 경쟁을 위한 운영을 하다 보니 내 사업 수준이 바닥에서 머물고 있었던 것입니다.

나는 엄청난 기대와 희망을 안고 사업을 시작했습니다. 내 아내에게 희생과 헌신을 요구하면서 사업을 시작했습니다. 내 부모님에게는 부담까지 드리면서 사업을 시작했습니다. 하지만 나는 자신이 있었습니다. 그런 자신감은 바로 성과로 나타났고 사업은 계속해서 발전할 것만 같았습니다. 그런데 그 꿈은 그렇게 오래가지 않았습니다.

나는 아내와 부모님께 실망을 안겨 주었습니다. 그에 앞서 나는 내 자신에게 가장 실망했습니다. 나는 실패를 인정할 수 없었습니다. 나 혼자만의 시간을 가지려고 해도 마음이 너무 괴로워서 도저히 그렇게 할 수 없었습니다. '누구나 실패할 수 있어, 그 정도면 잘했지.'라는 마음이 들었다가도 금세 마음이 울적해졌습니다.

나는 우울증을 겪었습니다. 좋지 않은 생각과 절망적인 생각에 빠져 있었습니다. 아내와 대화가 되지 않기 시작했습니다. 부모님과도 좋지 않은 일이 벌어지기 시작했습니다.

나는 정말 힘들었습니다. 게다가 내 아내는 임신을 했었습니다. 하지만 나는 사업 실패로 인해 무기력했습니다. 무기력함에서 도저히 빠져나올 수 없었습니다. 그래서 아내를 많이 챙겨 주지 못했습니다. 아내와 많이 다투기도 했습니다. 예비 부모라면 모두가 한다는 태교도 제대로 하지 못했습니다. 그렇게 시간만 흐르고 있었습니다.

나는 회복이라는 단어를 잊고 살았습니다. 나는 부정적인 생각과 부정적인 행동을 하면서 살았습니다. 나는 살기 싫었습니다. 아내와 자녀, 부모님까지 계시는 데도 말입니다. 나 자신이 정말 싫었습니다.

어느 날 정신 차려 보니 딸이 태어나는 날이었습니다. 딸이 태어나는 순간 정신이 바짝 들었습니다. 딸이 태어난 것이 아니라 내가 태어난 것이었습니다. 나는 죽어 있던 것이었습니다. 나는 딸과 함께 다시 새롭게 태어났습니다. 이것은 하나님의 능력입니다.

하나님께서는 나와 당신에게 생명을 주셨습니다. 나와 당신의 생명은 소중합니다. 살아 있는 것 자체가 축복입니다. 생명이 있다는 것이 하나님의 사랑입니다. 나는 하나님의 축복을 다시 경험했습니다. 나를 두 번 태어나게 하셨습니다. 나에게 새 생명을 주셨습니다.

딸이 태어나고 내 삶은 완전히 달라졌습니다. 나는 새롭게 시작하기 위해 다시 직장에 들어갔습니다. 직장에 들어가서라도 마음을 회복하고 싶었습니다. 그렇게 사장에서 직장인으로 다시 새로운 삶을 살게 되었습니다. 정말 최선을 다했습니다. 나는 직원이 아니라 사장처럼 일했습니다. 나도 만족했고 사장님도 만족했습니다.

그렇게 6개월이 지난 후 나는 1인창업을 결심했습니다. 모든 일은 순식간에 일어났습니다. 하나님께서 모든 상황과 환경, 사람까지 빠르게 정리하게 하셨습니다.

나는 지금 너무나 행복합니다. 나에게 새로운 생명을 주셨기 때문입니다. 당신에게도 하나님께서 새로운 생명을 주고 계십니다. 이미 주셨지만 당신이 믿지 않는 것입니다.

그렇다면 하나님은 우리에게 어떻게 생명을 주고 계신 것일까요?

첫째, 하나님께서 매일 숨 쉴 수 있는 생명을 주십니다.

당신은 매일 숨 쉬는 것이 당연하다고 생각하십니까? 당연한 것이 아닙니다. 그것 또한 하나님의 축복입니다. 하나님께서 당신에게 생명을 주신 것입니다.

둘째, 하나님께서 매일 새로운 마음을 주십니다.

나는 매일 새로운 마음을 느낍니다. 당신의 마음이 힘듭니까? 그 힘든 마음은 누가 준 것입니까? 당신이 준 것입니까? 하나님께서 주신 것입니까? 하나님께서는 우리에게 날마다 축복을 부어 주십니다. 우리는 축복 속에서 살아가고 있습니다. 하나님은 당신을 사랑하십니다. 당신도 하나님을 사랑하십시오.

셋째, 하나님께서 나와 당신을 일으켜 세우십니다.

하나님께서 나를 새롭게 태어나게 하셨습니다. 생명의 축복을 주셨습니다. 가장 힘들 때 자신을 보지 말고 하나님을 보십시오. 새 생명을 주시는 하나님을 보십시오. 당신은 이미 새 생명을 얻었습니다. 이것이 바로 당신을 향한 하나님의 사랑입니다.

나는 두 번 태어난 사람입니다. 두 번 태어났기 때문에 지금 이렇게 행복을 누릴 수 있습니다. 가장 힘들 때 삶을 포기했다면 당신에게 하나님의 사랑과 축복을 전하지 못했을 것입니다. 그래서 나는 하나님께 감사합니다.

당신도 많이 힘듭니까? 당신도 절망한 적이 있습니까?

당신도 삶을 포기해야겠다는 마음이 든 적이 있습니까?

실제로도 그렇게 해봤습니까?

하나님은 당신을 사랑하십니다. 당신에게 생명을 주셨습니다.

당신도 행복하게 새로운 삶을 살고 싶으십니까?

그렇다면 하나님께 기도하십시오. 새로운 삶을 살게 해 달라고 기도하십시오. 그렇게 믿으십시오. 그리고 감사하십시오.

"하나님 새롭게 태어나게 해주심에 감사합니다. 하나님 나를 너무나 사랑해 주셔서 감사합니다. 하나님 나에게 생명을 주셔서 감사합니다. 하나님 너무나 많이 힘들었지만 이제 힘들지 않습니다. 하나님께서는 내가 행복하게 살기 원하신다는 것을 알았습니다. 나도 하나님을 많이 사랑합니다. 하나님은 나의 구원자이십니다. 하나님 사랑합니다. 많이. 예수님의 이름으로 기도합니다. 아멘."

천재작가 장열정의 이야기와 깨달음 - 제 37 장

문제가 생기면 백배로 크게 생각하라

당신은 운동을 취미로 합니까? 승부를 내기 위해서 합니까?

나는 운동하는 것을 즐깁니다. 나는 경쟁에서 이기는 것이 매우 흥미롭습니다. 나는 승리에 대한 중독에 빠져 있었습니다. 열심히 뛰어서 이겨야만 했습니다. 내가 패배한 날에는 잠을 이루지 못 할 정도로 승리 금단 증상에 시달렸습니다.

나는 축구를 좋아합니다. 나는 고등학교 때까지 축구 선수가 꿈이었습니다. 나는 친구들과 축구 모임까지 만들었습니다. 나는 축구팀을 이끌어 가는 감독이자 주장이었습니다. 감독 역할을 잘 감당하기 위해 축구 경기를 보고 분석까지 했습니다. 나는 축구에 미쳐 있었습니다.

고등학교 때의 이야기입니다. 나는 고등학교 입학 후 학교에 적응하기 힘들었습니다. 담임선생님에게 매일 아프다고 거짓말하고 1교시가 시작되기 전에 학교에서 조퇴했습니다. 사실 결석한 적이 더 많았습니다. 결석 수가 많아 퇴학당하기 전에 담임선생님께서는 잠깐이라도 왔다 가라고 부탁까지 하셨습니다.

나는 학교가 싫었습니다. 사춘기가 온 것입니다. 나는 인생에 대해 깊은 고민에 빠져 방황했습니다. 나는 아침에 일어나서 학교에 가지 않고 도서관이나 PC방에 갔습니다. 도서관에 가서 하루 종일 자고 집에 갔습니다. PC방에서 친구들에게 메일로 편지를 쓰곤 했습니다.

방황하는 나에게 가장 큰 즐거움은 친구들과 축구하는 것이었습니다. 축구를 1시간이 아닌 3시간에서 5시간 동안 하는 것입니다. 다리에는 쥐가 나고 체력이 바닥이 날 정도로 합니다. 해가 져서 축구공이 안보일 때까지 한 것입니다. 내 인생에서 축구는 즐거움이었습니다.

내 친구들은 학교에서 나를 보지 못하고 축구 모임에서만 나를 본다고 놀리기까지 했습니다. 축구를 한 다음 날 학교에 가지 않았기 때문입니다. 몸이 아프다고 학교에 가지 않았습니다.

어느 날 한 친구가 축구 모임에서 나에게 이야기합니다.

"야, 학교 다니지 말고 축구 학교를 만들어."

나는 순간 소름이 돋았습니다. 그 친구는 비꼬는 듯이 이야기했지만 나는 이렇게 대답했습니다.

"그거 정말 좋다. 나는 축구 학교를 만들어야겠어. 나중에 해외로 가서 아이들에게 축구를 가르치고 싶다. 진짜 재미있겠다. 보람되겠다. 생각만 해도 떨린다."

이렇게 말할 정도로 축구에 미쳐 있었습니다. 나는 학교에 하루 종일 앉아 있는 것이 싫었습니다. 학교에서 하루 종일 축구를 하라고 했다면 모범생이었을 것입니다.

학교 친구들이 나를 이상하게 생각했습니다. 방황하는 또래 청소년으로 여겼을 것입니다. 하지만 축구할 때에는 나를 부러워했습니다. 학창시절에는 축구 잘하는 아이가 인기 있습니다. 학교에 잘 가지 않았지만 인기는 좋았습니다.

나는 담임선생님이 아니었다면 고등학교를 졸업하지 못했을 것입니다. 담임선생님이 나를 붙잡아주기 위해 많은 노력을 했습니다. 따끔하게 혼내 주시기도 했고 좋아하는 축구를 학교에서 하라고 설득하기도 하셨습니다.

부모님께서도 나 때문에 학교에 불려 오셨습니다. 담임선생님 앞에서 눈물 흘리는 부모님의 모습을 보고 정신 차리게 되었습니다. 그 모습을 보지 않았다면 고등학교를 졸업하지 못했을 것입니다. 나에게 그 모습은 너무나 충격적이었기 때문입니다. 나 때문에 부모님께서 아파하시는 모습을 그때 처음 봤습니다.

나는 퇴학을 당해도 마땅했습니다. 하지만 고등학교 2학년부터 학교에 잘 적응했고 고등학교 3학년에는 학교에 가장 먼저 등교하는 학생이 되었습니다.

나는 징계 받아 마땅했습니다. 하지만 아무도 나에게 징계를 주지 않았습니다. 오히려 나에게 징계를 주지 않으려고 부모님과 선생님, 친구들 모두가 나를 도와주었습니다.

이것이 하나님의 평화입니다. 나는 나 스스로 방황을 선택했고 주변 사람들을 힘들게 했습니다. 벌을 받아 마땅했지만 이것 또한 내 생각입니다. 하나님께서는 나에게 징계를 주실 수도 있었지만 그렇게 하지 않으셨습니다. 나를 사랑하시기 때문에 평화의 하나님께서는 나에게 징계가 아닌 사랑을 주셨습니다.

하나님을 어떤 존재로 믿느냐가 중요합니다. 엄하신 하나님, 무서운 하나님, 벌을 주시는 하나님으로만 생각해서는 안 됩니다. 하나님은 사랑이시고 인자하신 분입니다.

그렇다면 하나님은 왜 나에게 벌을 주시지 않았던 것일까요?

첫째, 하나님은 내가 벌 받는 것을 원하지 않으십니다.

사람이 내 말을 듣고 지키지 아니할지라도 내가 그를 심판하지 아니하노라 내가 온 것은 세상을 심판하려 함이 아니요 세상을 구원하려 함이로라 (요 12:47)

평화의 하나님은 내가 방황해도 주변 사람들을 통해 벌을 주는 것이 아닌 사랑을 느끼게 해주셨습니다. 하나님께서는 나를 너무나 사랑하시기 때문입니다. 하나님께서는 당신도 너무나 사랑하십니다.

둘째, 하나님은 오히려 사랑을 주셨습니다.

나는 그 일로 인해 사랑을 느꼈습니다. 부모님의 사랑을 느꼈고 선생님의 사랑을 느꼈고 친구들의 사랑을 느꼈습니다. 그로 인해 내 학창시절이 축복으로 넘쳤습니다.

나는 방황하는 시기에 철들었습니다. 주위에서 철들었다고 말할 정도로 생각이 깊어졌고 주변 사람들을 생각하기 시작했습니다. 그 시기가 없었다면 지금 방황하고 있을지도 모릅니다. 방황하는 시기가 있었기에 28세에 결혼도 할 수 있었습니다.

나는 매번 느끼는 것이 있습니다. 시간이 지나고 보면 모두 은혜라는 것입니다. 이제는 어떤 일도 두렵지 않습니다. 어떤 것도 걱정되지 않습니다. 결국에는 은혜로 끝날 것이기 때문입니다. 결국에는 감사를 고백할 것이기 때문입니다.

그렇기 때문에 다른 것을 기도하는 것이 아니라 은혜의 기도, 감사의 기도하면 되는 것입니다. 당신도 나처럼 기도하십시오. 은혜의 기도를 하십시오. 감사의 기도를 하십시오. 결국엔 감사의 고백을 하게 될 것입니다.

주 안에서 항상 기뻐하라 내가 다시 말하노니 기뻐하라 너희 관용을 모든 사람에게 알게 하라 주께서 가까우시니라 아무 것도 염려하지 말고 다만 모든 일에 기도와 간구로, 너희 구할 것을 감사함으로 하나님께 아뢰라 그리하면 모든 지각에 뛰어난 하나님의 평강이 그리스도 예수 안에서 너희 마음과 생각을 지키시리라 (빌 4:4-7)

끝에서 기도하십시오. 천국에서 기도하십시오. 천국에서 기도하면 모든 것이 은혜이고 감사일 것입니다. 천국에서 보십시오. 어느 것 하나 소중하지 않은 시간이 없습니다. 힘들었던 모든 것이 당신에게 축복의 시간이 될 것입니다. 그러니 마음껏 누리십시오. 제발

천재작가 장열정의 이야기와 깨달음 - 제 38 장

감사마인드로 어려움을 이기는 비결

당신은 어려움을 느낄 때 좌절합니까?

나는 어려움을 극복하면 더 큰 행복이 온다고 생각합니다. 내 좌우명이기도 합니다. 나는 어려움을 극복할 때마다 나에게 더 큰 행복이 찾아왔습니다. 나는 어려움이 오는 것을 즐깁니다. 어려움은 어려움이 아니라 더 큰 행복을 주기 위한 즐거움이기 때문입니다.

나는 많은 어려움을 겪었습니다. 당신도 그렇지 않습니까? 어려움이 지나간 다음에는 매번 좋은 경험이었다고 고백하지 않습니까?

나는 매번 감사함을 고백합니다. 지금까지 지나간 어려움 중에서 극복하지 못한 어려움은 없었습니다.

지금 생각해보면 그렇게 큰 어려움도 없었습니다. 그때는 왜 그렇게 어렵게 느껴졌는지 신기할 따름입니다. 좌절과 절망의 늪에 빠졌을 때에도 마찬가지입니다. 지금 생각해보면 그저 흘러가는 과정이라 여기면 되는 것입니다.

내 마음의 어려움이 나를 그 곳으로 데려가게 만든 것입니다. 나에게 온 모든 어려움은 내가 선택하지 않았다면 오지 않았을 것입니다. 내가 선택했기 때문에 어려움을 겪는 것입니다.

나는 내가 겪은 어려움은 모두 내가 만들었다고 생각합니다. 내가 다르게 생각했다면 어려움이 없었을 것입니다. 내가 그런 말을 하지 않았다면 어려움을 겪지 않았을 것입니다. 내가 그렇게 했고 내가 그렇게 생각했고 내가 그렇게 행동했고 내가 그렇게 말했기 때문에 어려움을 겪게 된 것입니다.

나에게도 누구에게나 찾아오는 어려움이 있었습니다. 지금 생각해보면 코웃음이 나올 정도의 작은 고민입니다. 그 당시에는 삶에 대해 고민할 정도로 힘들었습니다. 삶은 참 아이러니하다고 생각했습니다.

중학교 적응하는 문제, 중간고사, 방학, 기말고사, 중학교 졸업, 고등학교 적응, 중간, 기말고사, 고3 생활, 수능, 대학, 군대, 여자친구, 직장, 결혼, 자녀, 집사는 문제, 모든 과정에 어려움을 겪었습니다.

나는 어려움을 이렇게 생각합니다. 어려움은 겪어보지 않아서 느끼는 감정입니다. 시간이 지난 후에는 어려움이 아니라 하나의 과정이라고 생각하게 됩니다. 한번 겪은 어려움은 오히려 즐거움으로 다가옵니다. 그 일이 지나간 후에는 매번 좋은 것들로 가득 차기 때문입니다.

나는 좋은 것으로만 채워진다고 생각하지 않았습니다. 마음의 상처와 문제가 남으니 말입니다. 하지만 지금 생각해보면 문제도 남아 있지 않았습니다. 나에게 숙제만 남았을 뿐입니다. 다시는 그런 일이 일어나지 않도록 내가 해야 할 일만 남은 것입니다.

어려움이 없었다면 나는 달라지지 않았을 것입니다. 그 일을 두 번 겪지 않기 위해서 다르게 생각하고 다르게 행동하고 다르게 말했습니다. 그랬더니 어려움은 내 성장과 발전이 되었습니다.

나는 어려움을 통해 저절로 자기 계발된다고 믿습니다. 내가 그랬습니다. 일반 책에서는 느끼지 못했던 나만의 자기계발은 내 경험과 깨달음에서 왔습니다. 당신도 그렇지 않습니까?

하지만 같은 경험이라도 다르게 이야기를 하는 사람들이 있습니다. 바로 하나님의 사람들입니다. 하나님의 사람들은 생각하는 기준이 다릅니다. 모두 하나님의 말씀을 기준으로 말합니다. 그래서 다른 사람들의 이야기와는 다른 것입니다.

나는 하나님께서 주시는 깨달음을 말하는 사람들을 만납니다. 나는 하나님께서 주시는 깨달음을 말하는 사람들을 천재라고 말합니다. 천재들의 이야기는 다릅니다. 남의 이야기를 하지 않습니다. 자신의 깨달음만 말합니다. 우리가 흔히 말하는 천재들이 그렇지 않습니까?

나는 천재들의 삶에서 깨달음을 얻었습니다.

천재는 하나님께서 주시는 깨달음으로 이야기합니다.

사람의 생각이 아닌 하나님께서 주시는 음성을 듣고 자신의 깨달음을 이야기합니다.

하나님은 우리에게 음성을 들려주십니다. 나는 하나님의 음성을 듣습니다. 어떤 상황이 주어지면 내 안에 계시는 성령님께서 이야기를 해주십니다. 나는 그 이야기를 듣고 믿음으로 순종합니다.

단지 인간적인 생각으로 깨달음을 이야기한다면 남들과 같은 수준이 됩니다. 별다른 것이 나오지 않습니다. 당신 주위를 둘러보십시오. 같은 상황에서 다르게 이야기하는 사람이 있습니다.

그 사람의 이야기를 듣고 당신 영혼이 울립니까? 당신의 영혼이 요동칩니까? 하나님께서 주시는 깨달음을 말하는 사람들의 이야기를 들으면 눈물부터 흐릅니다. 내 영혼이 움직입니다. 그동안 느껴 보지 못한 감동에 휩싸입니다.

하나님은 내 안에 계십니다. 하나님은 당신 안에 계십니다. 나와 당신 안에 계시기 때문에 충만한 삶을 살 수 있습니다. 나와 당신은 그저 믿기만 하면 됩니다. 하나님께서 말씀하는 것을 듣고 순종하면 됩니다. 지금부터 순종하는 삶을 살면 됩니다.

당신은 그동안 얼마나 힘들게 살았습니까? 얼마나 외롭게 살았습니까? 나도 그렇게 살았습니다. 하지만 지금은 너무나 행복합니다. 너무나 부요합니다. 너무나 충만합니다. 하나님을 그저 믿기 때문입니다. 내 행위가 아닌 하나님을 믿는 믿음으로 나는 의인이 되었고 성령 충만하고 건강하고 부요하고 지혜롭고 생명을 가졌습니다. 하나님께서 주시는 것을 그저 누리기만 하면 됩니다.

당신도 나처럼 누리십시오. 나처럼 행복하십시오. 하나님께서 당신을 무척이나 사랑하십니다. 더 이상 힘들어하지 마십시오. 이것이 당신을 향한 하나님의 사랑입니다. 하나님은 당신을 기다리십니다. 이제 기도하면 됩니다. 하나님을 믿는다고 기도하십시오.

천재작가 장열정의 이야기와 깨달음 - 제 39 장
경쟁하지 말고 다함께 성공하라

당신은 1인창업을 하고 싶은 목적이 무엇입니까?

목적이 행복입니까? 돈입니까?

나는 행복하기 위해 1인창업을 했습니다. 나는 돈 때문에 행복하지 않습니다. 행복의 기준은 돈이 아닙니다. 1인창업으로 부자가 된 사람들이 있습니다. 그들 중에 돈에만 목적을 두는 사람들이 있습니다. 행복해 보이지 않았습니다. 나는 그렇게 살지 않기로 결단했습니다.

1인창업은 자신만의 창업아이템으로 자신이 하고 싶은 일을 평생토록 하는 것입니다. 1인창업에서 중요한 것은 자신이 하고 싶은 일을 하며 평생 행복하게 사는 것입니다.

자신이 진정으로 하고 싶은 일만 한다면 행복할 것입니다. 당신이 좋아하는 일이기 때문에 어느 누가 일을 하지 못하게 막아도 당신이 알아서 열심히 하게 됩니다. '즐기는 사람은 막을 수 없다.'라는 말이 있습니다. 열심히만 하는 사람은 즐길 줄 아는 사람을 따라갈 수 없습니다. 마음의 여유부터 다르기 때문입니다.

많은 사람들이 성공을 원합니다. 성공하기 위해서 이런 저런 방법을 찾아보기도 합니다. 또한 성공한 사람들을 찾아가 도움을 구하기도

합니다. 코치에 따라 결과가 달라집니다. 1시간 만나서 코치를 받았는데 삶이 통째로 바뀌기도 합니다. 그 사람이 바로 나입니다.

나는 천재멘토에게 코치를 받았습니다. 천재멘토는 성공뿐만 아니라 진정으로 행복한 삶을 살고 있었습니다. 정말 행복해 보였습니다. 나는 성공보다 행복을 찾아가야 한다고 생각했습니다. 부자는 누구나 될 수 있습니다. 당신도 될 수 있습니다. 하지만 행복한 삶을 사는 것은 쉽지 않습니다. 부자가 된 사람들이 행복한 삶을 살지 못하는 이유가 있습니다.

나는 천재멘토를 만나서 내 삶이 통째로 바뀌었습니다. 가장 먼저 내가 변했습니다. 내가 먼저 행복해야 행복한 가정을 이룰 수 있습니다. 행복한 사업을 할 수 있습니다. 행복한 인생을 살 수 있습니다. 내가 먼저 변했더니 아내 또한 변했습니다. 아내가 행복해 합니다.

나는 지난 시간들이 아깝다는 생각이 들었습니다. 하지만 그 시간이 없었다면 지금의 행복을 느끼지 못했을 것입니다. 나는 행복하기 위한 방법만 선택하고 있습니다. 행복도 내 선택에 따라 달라집니다. 내 선택은 모두 행복을 위한 것입니다.

1인창업으로 부자가 된 사람들은 많습니다. 하지만 행복하게 사는 사람들은 많지 않습니다. 서로 경쟁하는 것은 기본이고 서로 헐뜯는 경우도 많이 봤습니다. 나 또한 그랬습니다. 비난하기도 했고 경쟁하기도 했습니다. 나는 행복하지 않았습니다. 왜 경쟁을 해야 합니까? 나와 당신 모두 함께 성공해서 행복하면 안 됩니까? 왜 서로 물고 뜯어야만 합니까?

나는 경쟁하는 것을 멈췄습니다. 나는 나와 당신이 행복하게 사는 방법을 선택했습니다. 경쟁하면 나만 힘듭니다. 내 마음만 병들어 갑니다. 내가 병들어 가고 있는 모습을 주위 사람도 느낍니다. 당신도 그것을 느낀다면 바로 멈추십시오. 당신을 위해서 멈추십시오. 주위 사람들은 당신이 병들어 가고 있다는 것을 알고 있습니다.

하나님은 우리에게 평화를 주셨습니다. 더 이상 경쟁하여 서로를 헐뜯는 것을 원하지 않으십니다. 나와 당신은 함께 잘되어야 합니다. 다함께 부자가 되고 성공해서 행복해야만 합니다. 하나님의 방법대로 사업을 해야 합니다. 당신의 방법으로 운영하면 한계가 있습니다. 지금 당신이 느끼고 있는 것처럼 말입니다.

나는 하나님께서 주신 평화로 1인창업 천재코치가 되었습니다. 천재는 행복한 사람이어야만 합니다. 일반적으로 당신이 생각하는 천재는 고리타분하고 세상과는 동떨어진 사람일 것입니다. 또한 죽은 뒤에야 인정받는 사람일 것입니다. 이것 또한 고리타분하고 세상과 동떨어진 생각입니다. 천재는 진짜 행복을 아는 사람입니다. 천재는 세상에서 가장 행복한 삶을 사는 사람을 말합니다.

나는 세상에서 가장 행복한 삶을 살고 있습니다. 내가 하고 싶은 일만 합니다. 내가 하고 싶은 일만 하니 행복할 수밖에 없습니다. 나는 경쟁하는 것을 멈췄습니다. 남을 헐뜯고 시기하는 것도 중단하였습니다. 나는 그런 사람들을 축복해 주기로 했습니다. 그 사람이 더 잘되기를 기도했습니다. 하나님께서 그렇게 하셨습니다.

그렇다면 천재처럼 행복한 삶을 사는 방법은 무엇일까요?

첫째, 천재는 행복한 선택만 합니다.

천재들은 행복한 선택만을 합니다. 어리석고 불행해지는 선택을 하지 않습니다.

둘째, 천재는 경쟁하지 않고 모두의 성공을 돕습니다.

천재들은 경쟁하지 않습니다. 다함께 부자가 되고 성공해서 행복하게 사는 방법을 알려줍니다.

셋째, 천재는 하나님이 가장 우선순위입니다.

하나님은 나와 당신이 행복하게 사는 것을 원하십니다. 행복하게 살도록 사랑해 주시고 복을 주십니다. 그런데 많은 사람들이 불행한 선택을 하기 때문에 불행하게 사는 것입니다. 하나님은 나와 당신에게 선택의 자유를 주셨습니다. 당신이 하나님을 믿기로 선택하고 하나님께서 당신의 삶을 최고로 만들어 주신다는 것을 믿는다면 당신도 천재가 될 수 있습니다.

나는 행복합니다. 1인창업하여 온전한 복음을 알게 되었습니다. 직장 생활 할 때에는 상상도 못했습니다. 내가 행복하기 위한 선택만 해야 하는데 직장에서는 선택이 아니라 지시와 명령이 가득했습니다. 더 이상 남을 위해서 살지 마십시오. 당신부터 행복해야 다른 사람의 행복을 도울 수 있는 것입니다.

이제 당신이 행복할 차례입니다. 1인창업하여 당신이 행복해지기 위한 선택만 하십시오. 평생 행복한 삶을 사십시오. 가장 먼저 당신이 행복해지고 당신의 가족과 당신 주위에 있는 사람들이 행복해질 수 있도록 당신이 도우십시오. 이것이 하나님께서 주신 평화입니다.

나는 경쟁이 없는 삶을 살 것입니다. 하나님의 평화가 이 땅을 가득 덮어 나와 당신이 잘 되고 성공해서 진정으로 행복한 천재적인 삶을 살게 될 것입니다. 하나님께서 이미 그렇게 이루어지게 해주셨음에 감사합니다. 나와 당신은 평화로운 삶을 살 것입니다.

천재작가 장열정의 이야기와 깨달음 - 제 40 장

최고의 동업자와 함께 동업하라

당신은 동업을 한 적이 있습니까?

나는 동업으로 창업을 시작했습니다. 나는 첫 직장에 취업하자마자 가족 같은 형과 친구와 함께 동업을 시작했습니다. 이미 4년 전 일입니다. 하지만 제대로 시작한 것은 얼마 되지 않았습니다. 수많은 창업 아이템이 쏟아졌지만 결국 실현된 것은 하나뿐이었습니다.

동업을 시작한 것은 바로 두려움 때문이었습니다. 동업을 해서 위험 부담을 나누자는 마음이 강했습니다. 각자에게 충분한 실력이 있었음에도 나는 그렇게 했습니다. 중간 중간 동업이 흐지부지 되곤 했지만 계속 이어져 왔습니다.

결국에는 모두 직장을 그만두고 이제 본격적인 사업을 시작하려고 했습니다. 하지만 그때 동업을 중단하기로 했습니다. 동업에는 위험한 요소들이 많았습니다. 그래서 본격적으로 사업을 시작할 때 말이 많았습니다. 모두 불안했기 때문입니다.

나조차 불안했습니다. 사업 초기에는 모두가 힘을 내서 함께 열심히 일합니다. 하지만 사업이 성공하고 난 다음의 일은 아무도 모르는 것입니다. 가장 친한 친구와 형이지만 어떤 일이 벌어질지 아무도 모릅니다. 그래서 고민을 많이 했습니다.

　하지만 수입을 똑같이 배분하기로 하고 계약서를 쓰기로 했지만 이것 또한 흐지부지 되어 버렸습니다. 또 정으로 사업을 본격화한 것입니다. 그러던 중에 예전에 함께 지냈던 친구와 연락이 닿았습니다.

　그 친구에게는 사업에 필요한 방법과 노하우가 있었습니다. 그래서 그 친구도 함께 동업하기로 했습니다. 그렇게 해서 동업자는 4명이 되었습니다. 사업은 급속도로 성장하고 있었지만 남는 것은 없었습니다.

　사업을 4명이 진행하면 덩치가 엄청나게 커질 줄 알았습니다. 하지만 어려움은 계속해서 터져 나왔습니다. 사업 진행 방향이 달랐기 때문입니다. 비전은 같았지만 그 비전을 향해 달려가는 방법은 달랐던 것입니다. 각자 하고 싶은 일이 달랐습니다. 자신이 하고 싶은 일로 사업을 진행해야 합니다. 본인의 이름으로 사업자를 등록하고 각자의 얼굴과 이름을 걸고 사업을 해야 합니다. 한 달에 한번은 모여서 사업의 방향에 대해서 회의했습니다. 하지만 회의보다 동업을 계속 해야 하는지에 대한 이야기를 더 많이 했습니다.

　결국 나와 동업자에게는 시간 낭비였습니다. 결론은 하나였습니다. 각자 하고 싶은 일로 사업을 하고 모두 함께 성장하는 파트너의 관계로 가는 것이 최고의 방법이었습니다. 나와 동업자는 이것을 알고 있었지만 두려워하고 있었습니다. 서로에게 말하지 않았지만 모두 알고 있었습니다. 결론을 내려야 했습니다.

　나는 결심했습니다. 동업자들도 모두 같은 생각이었습니다. 나와 동업자는 각자 사업을 진행하기로 결정했습니다.

　나는 결정한 후에 한편으로는 마음이 편했습니다. 하지만 한편으로는 불안한 마음도 있었습니다. 불안했지만 나는 내 최고의 동업자를 찾았습니다. 바로 하나님입니다. 하나님은 나의 동업자입니다. 마음에 평안이 가득해졌습니다.

하나님께서 나에게 '장열정의 1인창업연구소'라는 사업을 하게 하셨습니다. 내 모든 방법과 노하우는 그동안의 경험을 통해서 깨닫게 해 주셨습니다. 하나님은 내 든든한 평생 동업자가 되어 주셨습니다.

나와 동업자에게는 진정한 동업자가 있었습니다. 사람과 동업하면 항상 문제가 생깁니다. 좋게 끝나는 경우는 드뭅니다. 또한 수입도 마찬가지입니다. 하나의 사업체에서 나온 수입을 똑같이 나누는 것이 아니라 각자 사업체에서 독립적으로 수입을 내는 것이 서로에게 도움이 됩니다. 그래서 우리는 독립적인 사업을 하기로 결정했습니다.

우리에겐 최고의 동업자가 있기 때문에 두렵지 않습니다. 결국 동업을 통해 진정한 동업자를 찾게 되었습니다. 이제는 각자 하고 싶은 일을 마음껏 할 수 있고 꼭 시간을 내서 회의할 필요도 없어졌습니다.

동업을 하면서 어느 누군가는 일을 열심히 해서 돈을 벌어 오고 어느 누군가는 직장을 다니고 있어서 눈치 볼 필요도 없어졌습니다. 이제 서로의 사업을 발전시켜 주는 진정한 관계로 자리 잡았습니다.

이것이 하나님의 방법입니다. 그동안 두려워서 주저했던 일이었는데 더 좋은 관계로 발전하게 되었습니다.

나는 동업에 대해서 깨달음을 얻었습니다.

첫째, 사람과 동업은 하지 마라.
둘째, 서로 도와주는 사업 파트너가 되라.
셋째, 최고의 동업자는 하나님이시다.

내 동업자는 하나님입니다. 내가 이렇게 시작하게 된 것도 하나님의 은혜입니다. 하나님께서 나를 이렇게 이끄셨기 때문입니다. 하나님과 동업해서 나는 부요해졌습니다. 나는 부자입니다. 최고의 동업자를 이제야 깨닫게 되었습니다.

하나님과 함께 동업하면 성령 충만해집니다. 하나님께서 내 동업자라는 음성을 들었을 때 나는 말로 설명할 수 없는 평안을 누렸습니다. 너무나 행복합니다. 세계로 뛰어가고 있습니다. 이미 그렇게 되었습니다. 행복한 억만장자의 삶을 살고 있습니다.

당신은 혹시 동업을 생각하고 있습니까?

하나님과 동업하십시오. 사람과 동업하지 마십시오. 사람과 동업하고 있다면 중단하십시오. 그리고 각자 독립적인 사업을 진행하십시오. 하나님과 함께 하면 부요해집니다. 풍요로워집니다. 평화롭습니다. 행복합니다.

하나님은 나와 당신의 최고의 동업자이십니다.

천재작가 장열정의 이야기와 깨달음 - 제 41 장
주변 사람들과 함께 성장하고 행복하라

당신 주변 사람들은 창업에 도움이 됩니까?

나는 창업에 도움이 되는 사람만 만납니다. 창업하고 나서 주위 사람에게는 비밀로 했습니다. 하지만 내가 온라인 카페를 운영하면서 내 얼굴과 이름을 공개해서 그런지 내가 창업을 했다는 소문이 났습니다.

주변 사람들은 말이 많습니다. 부럽고 샘이 나면 방해하기까지 합니다. 나에게는 두 가지 유형의 사람들이 있었습니다. 방해하는 사람이 있었고 도움을 요청하는 사람이 있었습니다. 방해하는 사람과는 연락을 끊었습니다. 괜히 부러우니 위험하다고 조언했습니다. 신중하라고 말을 하지만 모두 비꼬는 말투였습니다.

나는 보란 듯이 한 달 만에 결과물을 보여줬습니다. 아무도 나에게 어떤 말도 하지 못했습니다. 그들은 오히려 나를 부러워했습니다. 당신도 마찬가지일 것입니다. 당신이 창업을 한다고 하면 주변에서 말들이 많을 것입니다. 그래서 나는 고객들에게 이야기합니다.

창업의 결과물이 나오기 전까지는 절대 말하지 말라고 합니다. 결과를 보고도 말이 많은 사람은 정말 도움이 안 되는 사람이고 결과를 보고 가치를 인정해 주는 사람은 함께 지내도 좋은 사람입니다.

나는 정에 약한 사람이었습니다. 정에 연연하여 내게 불이익이 있어도 사람들에게 끝까지 잘해 주었습니다. 나는 끝까지 내 모든 노하우를 알려주려고 노력했습니다. 돈과 시간을 투자하여 도와주었습니다. 그런 내 모습을 본 친구는 나를 이해하지 못했습니다.

나도 내가 이해되지 않았습니다. 결국 남는 것은 상처인데 내가 무엇을 위해 그렇게 헌신했는지에 대한 회의감까지 들었습니다. 나는 이제 다시는 그러지 않기로 결심했습니다. 철저하게 나를 관리하고 주변 사람들을 관리하기로 결단했습니다.

내 인생에서 도움이 되지 않는 것을 철저하게 차단시켰습니다. 그 첫 번째는 관계입니다. 나에게 부정적인 영향을 끼치는 사람은 만나지 않습니다. 당신이 창업을 하기로 마음먹었다면 당신도 나처럼 해야 합니다. 창업을 할 때에도 좋지 않은 영향을 끼칠 뿐만 아니라 당신이 성공한 다음에는 당신에게 요구하는 것만 많아질 것입니다. 대부분 그렇습니다. 도움을 주기 보다는 도움을 받기 위한 관계를 합니다.

많은 사람들은 주는 것보다 받는 것에 익숙합니다. 그 사람들은 주는 것은 아깝고 받는 것은 당연하다고 생각하기 때문입니다. 나 또한 그랬습니다. 내가 주는 것은 아깝고 받는 것은 당연하게 생각했습니다. 나는 나에게 그냥 주지 않고 대가를 요구하면 치사하다고 비난하기까지 했습니다.

나는 이제 달라졌습니다. 나는 누군가에게 도움이 필요하면 정당한 가치를 지불하고 당당하게 도움을 얻습니다. 당신도 그렇게 하십시오. 도움이 필요하다고 낮은 자세로 쩔쩔 매지 말고 정당하게 가치를 지불하고 당당하게 요구하십시오. 당당하게 요구해야 정당하게 받을 수도 있는 것입니다.

당신의 주변에는 어떤 사람들이 있습니까?

내 주변에는 나에게 좋은 영향을 끼치는 사람들이 많습니다. 처음에는 단호하게 끊어서 주변 사람들이 상처받지만 그래야만 좋은 관계를 유지하게 됩니다. 나는 이제 지인들에게도 등록비를 받습니다. 무조건 받아야 합니다. 공짜로 해주면 무시해 버립니다.

공짜 손님이 말이 더 많은 법입니다. 주변 사람들이 말이 더 많습니다. 지인들이 오히려 말이 더 많은 법입니다. 정당한 가치를 지불하고 정당하게 요구하면 서로 불편하지 않습니다. 서로를 생각해서 신경 써준다고 이것저것 할인해 주고 공짜로 해주면 나중에 더 서먹한 사이로 이어질 수 있습니다.

나는 지인에게 물건을 자주 샀습니다. 할인도 받고 공짜로 받기도 했습니다. 하지만 물건이 고장이 났을 때 애매한 상황이 벌어졌습니다. 별도로 수리를 받을 수도 없고 꼭 지인을 통해서만 수리를 받아야 할 상황이 되었습니다.

지인에게 부탁해서 수리비를 지불해서라도 고쳐야 한다고 말했습니다. 그런데 수리비가 너무 많이 나와 버렸습니다. 난감한 상황이 되어 버렸습니다. 지인이 아니었다면 노발대발 따졌을 것입니다. 사용한 지 얼마 되지 않은 물건이었는데 고장이 났습니다. 당연히 무료로 수리 받아야 하는 상황이었지만 지인도 직원이었기 때문에 도와주지 못했습니다. 결국엔 물건을 버리고 다른 곳에서 새 물건을 구입했습니다.

많은 사람들은 대부분 이렇게 생각합니다. 지인에게는 할인해 주고 공짜로도 주는 것이 당연하다고 생각합니다. 그래야만 정이 넘치는 관계라고 말합니다. 지인들도 그렇게 생각해서 연락하는 것입니다. 할인해 주지 않으면 도리어 비난합니다.

나는 주변 사람들을 통해 깨달음을 얻었습니다.

첫째, 정에만 이끌리는 관계는 오래가지 않는다.
둘째, 다른 의도로 접근하는 사람은 쳐다보지도 마라.
셋째, 서로 도움이 되는 관계가 오래간다.
넷째, 마음과 말이 통하는 하나님의 사람들과 만나라.

나는 하나님의 사람들과 만납니다. 온전한 복음을 믿는 사람들과 어울립니다. 그래야 말이 통하고 마음이 통합니다. 그래야만 나에게 도움이 되고 내가 성장하고 내가 깨닫는 것이 많아집니다.

나는 더 이상 멈추지 않을 것입니다. 내 인생이 멈추는 것을 원하지 않습니다. 주변 사람들로 인해 더 이상 멈추게 하지 않을 것입니다. 당신도 그렇게 하십시오. 당신이 성장할 수 있는 사람들을 만나십시오. 당신이 진정 행복하게 살 수 있는 믿음의 사람들과 만나십시오. 주변 사람들을 통해서 성장하십시오. 주변 사람들을 통해서 행복하십시오.

천재작가 장열정의 이야기와 깨달음 - 제 42 장
공짜 좋아하면 공짜 인생 된다

당신은 공짜로 주고받는 것을 좋아합니까?

나는 공짜를 좋아했습니다. 이제 나는 공짜로 주고받는 것을 하지 않기로 했습니다. 나는 자동차 용품 전문점을 운영할 때 할인해 준 적이 많습니다. '장열정의 1인창업연구소'에서도 초기에는 무료 이벤트를 열어 무료 수강생을 받았습니다. 나는 이 모든 것을 중단했습니다.

나는 공짜로 주는 것을 너무나 좋아했습니다. 내가 공짜로 받는 것을 좋아했기 때문입니다. 사람들은 모두 자신의 입장에서 생각하고 이야기합니다. 내가 공짜를 좋아하니 공짜로 주는 것도 좋아하게 된 것입니다. 당신도 그렇지 않습니까?

나는 이상한 경험을 했습니다. 자동차 용품 전문점을 운영할 때의 일입니다. 어느 날 경차가 매장에 들어왔습니다. 손님의 표정은 썩 좋지 않았습니다. 손님은 좋은 블랙박스를 골라 달라고 했고 매장에서 가장 좋은 블랙박스를 설치해 줬습니다.

블랙박스를 설치하는 중간에 손님이 사고 당한 이야기를 들었습니다. 사고 후 차 뒤쪽에서 다툼이 있었다고 했습니다. 블랙박스가 전방 녹화용이라 증거가 없었다고 합니다. 다행히 목격자가 있어서 어느 정도는 과실을 인정받을 수 있었는데 모두 인정받지는 못했다고 합니다.

그래서 후방에도 녹화가 되는 블랙박스를 설치하는 것이라고 했습니다. 그리고는 사고 때문에 치료비와 수리비가 너무 많이 나왔다고 할인해 달라고 요구했습니다. 나는 안타까운 마음에 할인해 주고 서비스까지 해줬습니다.

손님은 정말 고맙다고 인사를 하고 매장에서 나갔습니다. 그런데 그 날 매장 문을 닫기 바로 직전에 손님이 다시 찾아왔습니다. 블랙박스 작동이 잘 되지 않는다고 불만 섞인 말투로 따지기 시작하는 것입니다. 나는 분명 설명을 다 해주었습니다. 설명대로 하지 않고서 안 된다고 하는 것입니다. 간단한 조작으로 블랙박스는 다시 작동되었습니다. 나는 사고로 예민해져서 그랬다며 사과를 하는 손님을 이해해줬습니다. 그런데 이 손님은 자주 찾아와서 불만과 불평을 이야기하는 것입니다. 서비스 해주기로 한 적도 없는 자동차 용품까지 달라며 떼쓰기 시작합니다. 나는 강하게 이야기했습니다.

"이제 제가 해 드린 서비스 이외에 것을 요구하시면 가만히 있지 않겠습니다. 사고로 마음이 아프실까 봐 위로를 드리고자 호의를 베풀었는데 이런 식으로 나오시면 더 이상 가만히 있지 않겠습니다."

손님은 내 이야기를 듣고 더 화를 냈습니다. 나는 굽히지 않고 더 강하게 이야기했습니다.

"계속 이러시면 영업 방해로 신고하겠습니다. 저희 제품에 문제가 있습니까? 아니면 나가 주십시오. 다른 손님들도 계시는데 장사에 방해됩니다. 하루 이틀도 아니고 너무하신 것 아닙니까?"

이렇게 이야기했더니 매장을 나갔습니다. 그리고 다시는 오지 않았습니다. 참 웃긴 일 아닙니까? 오히려 할인해 준 사람들이 말이 많습니다. 공짜로 한 사람들이 더 말이 많습니다.

나는 '장열정의 1인창업연구소' 설립 후 초기에는 12주 교육 프로그램을 진행했습니다. 그 중에는 무료 이벤트 당첨자가 있었습니다. 처음에는 엄청난 열정을 보여주었습니다. 내가 이야기한 모든 것을 하려고 했습니다. 속도도 빨랐습니다. 어느 순간부터 연락도 안 받고 문자 답장도 하지 않았습니다.

등록비를 정당하게 낸 사람들은 정말 열심히 합니다. 어떻게든 좋은 결과를 내기 위해 노력합니다. 나와 좋은 관계를 맺기 위해서 노력합니다. 그래서 나는 결심했습니다. 이제 더 이상 공짜로 해주지도 않고 할인도 해주기 않기로 결심했습니다. 공짜로 해주고 할인해 줄 이유가 없어졌습니다. 오히려 그들을 도와주어야겠다는 마음이 나에게 좋지 않은 영향을 끼쳤습니다. 이제부터는 내 가치를 제대로 인정받고 창업 성공까지 이끌어 가겠다고 결심했습니다.

나는 공짜 인생을 통해 깨달음을 얻었습니다.

첫째, 공짜로 주면 공짜로 더 받기 원합니다.

공짜로 주면 공짜로 받을 것을 더 요구합니다. 자신의 요구대로 되지 않으면 불평과 불만을 쏟아 내기 시작합니다. 할인해 주면 더 많은 서비스와 할인을 원합니다. 깎아 주면 더 깎아 달라고 합니다. 사람의 심리가 그렇습니다. 당신도 그렇지 않습니까? 나 또한 그랬습니다. 나는 이제 할인해 달라는 이야기를 하지 않습니다. 할인 이벤트 금액 이외에는 절대 이야기하지 않습니다. 정당한 가치를 지불하고 있습니다. 그래야만 나도 정당한 가치를 인정받을 수 있기 때문입니다.

둘째, 내 가치는 내가 정합니다.

내 가치는 다른 사람이 정해주는 것이 아니라 내가 정하는 것입니다. 블랙박스의 가치도 내가 정하는 것입니다. 1인창업 노하우에 대한 가치도 내가 정하는 것입니다. 이제 다시는 스스로 내 가치를 떨어뜨리지 않을 것입니다. 나는 가치 있는 사람이기 때문입니다. 지금도 내 가치는 오르고 있습니다. 기하급수적으로 오르고 있습니다. 당신 또한 마찬가지입니다.

셋째, 하나님의 가치는 엄청납니다.

하나님의 가치는 엄청납니다. 하나님을 온전히 믿는 자에게는 엄청난 축복을 주십니다. 마음의 평화를 주십니다. 하나님을 믿는 것에 대한 가치입니다. 이 가치는 절대 떨어지지 않습니다.

나는 내 인생을 하나님께 맡겼습니다. 내 인생 또한 하나님께서 주신 것이기 때문입니다. 하나님께서 내 가족도 주셨고, 하나님께서 자녀도 주셨고, 이 책 또한 하나님께서 주셨습니다.

나는 하나님을 믿기만 했는데 이 모든 것을 주셨습니다. 어떤 행위를 했기 때문에 하나님께 받은 것이 아닙니다. 나에게 주신 모든 것이 하나님의 은혜입니다. 하나님을 믿고 감사했을 뿐인데 나를 하나님의 평화 가운데 살게 하셨습니다.

나는 행복합니다. 하나님을 그저 믿기만 했는데 행복합니다. 이렇게 행복해도 되나 모르겠습니다. 하나님을 믿기만 했는데 말입니다. 당신도 하나님을 그저 믿기만 해보십시오. 당신의 창조자로 믿으십시오. 당신의 구원자로 고백하십시오. 당신의 아버지로 고백하십시오. 다른 어떤 행위가 아닌 온전한 믿음으로 믿기만 하십시오.

너희는 그 은혜에 의하여 믿음으로 말미암아 구원을 받았으니 이것은 너희에게서 난 것이 아니요 하나님의 선물이라 행위에서 난 것이 아니니 이는 누구든지 자랑하지 못하게 함이라 (엡 2:8-9)

사람이 마음으로 믿어 의에 이르고 입으로 시인하여 구원에 이르느니라 (롬 10:10)

한 번의 기도가 당신의 인생을 달라지게 합니다. 당신을 행복하게 합니다. 내가 그랬습니다. 하나님을 믿는 한 번의 기도가 나를 이렇게 행복한 삶으로 이끌었습니다. 기도의 힘은 위대합니다. 당신의 마음을 담아서 진심으로 기도하십시오. 당신이 하나님을 온전히 믿으면 하나님께서 당신과 함께 하십니다. 하나님은 당신을 무척이나 사랑하십니다. 하나님이 나를 사랑하시는 것처럼 말입니다.

천재작가 장열정의 *이야기*와 깨달음 - 제 43 장
남의 시선을 신경 쓰면 인생 망친다

당신은 남의 시선을 의식하는 편입니까?

나는 남의 시선 따위는 신경 쓰지 않습니다. 나는 나만 생각하는 편입니다. 남의 시선을 신경 쓰는 순간 내가 하고 싶은 일을 하지 못하기 때문입니다.

내 인생을 다른 이에게 맞출 이유가 없습니다. 당신은 그런 사람들을 위해 살고 싶습니까? 그런 사람들의 이야기를 모두 나에게 적용해서 진정한 내가 아닌 남을 위해 살고 싶습니까? 그건 당신의 인생이 아닙니다.

나는 나에게 도움이 되는 사람들과 관계를 이어갑니다. 도움이 되지 않거나 부정적인 사람들을 멀리합니다. 당신도 그렇지 않습니까? 나에게 도움이 되지 않는다면 나도 그 사람에게 도움이 되지 않을 것입니다. 그 사람을 위해 관계를 끊어야 합니다. 내가 부정적인 영향을 주는 사람이라면 그 사람을 위해 관계를 끊어야 합니다. 내가 아니라 그 사람을 위해서 말입니다.

나는 내 결정이 이기적이라고 생각했습니다. 하지만 매번 내 선택이 옳았습니다. 내가 그 사람을 떠났더니 그 사람이 발전하기 시작했습니다. 내가 그 사람의 발전을 막고 있었던 것입니다. 나와의 관계를 유지했다면 그 사람은 발전하지 못했을 것입니다.

나 또한 마찬가지입니다. 내가 그와 관계를 이어갔다면 나도 발전하지 못했을 것입니다. 이것이 서로에게 도움을 주는 좋은 결과입니다. 나로 인해 발전할 수 있는 사람이 있다면 최선을 다해 도울 것입니다. 하지만 나 때문에 발전하지 못한다면 나는 그 사람과 관계를 끊습니다. 관계는 매정하게 끊는 것이 아닙니다. 더 이상 만나지는 않지만 축복해 주는 것입니다.

내 직장 생활도 마찬가지였습니다. 직장을 다니면서 남의 시선을 많이 신경 썼습니다. 내가 하고 싶은 일을 하는 직장에 취직했음에도 주변 사람들과 비교했을 때 회사 규모나 연봉이 작아서 절망했던 적이 있습니다. 일은 나에게 맞고 즐거운 데 남 앞에서만 작아지는 내 모습을 발견했습니다. 내 인생은 내 행복을 위해 살면 되는 것입니다. 하지만 다른 사람의 행복 기준까지 맞추려고 했던 것입니다. 얼마나 미련한 짓입니까? 나와 당신에게는 각자의 행복이 있습니다. 각자의 삶이 있습니다. 자신의 삶에서 행복을 찾아가면 되는 것입니다. 나는 그렇게 살지 못했습니다.

창업을 준비하면서도 마찬가지였습니다. 창업을 서두르지 못한 이유도 주변 시선 때문이었습니다. 창업해서 성공하는 사례를 보지 못했다고 하는 것입니다. 나는 1인창업을 성공으로 이끌 수 있는 자신감과 방법을 알고 있었습니다. 하지만 주변 시선으로 인해 실패 사례에 집중했더니 마음이 불안해지고 걱정이 많아졌습니다.

그럴 이유가 없었습니다. 내 확신과 나만의 노하우로 진행하면 그만이었습니다. 내가 주저할 이유가 없었습니다. 그래서 나는 귀를 닫았습니다. 그 사람들은 1인창업을 성공시키는 자신감과 노하우가 없었습니다. 그래서 창업 실패를 경험했던 것입니다.

나는 남의 시선에 대한 깨달음을 얻었습니다.

첫째, 나보다 남이 우선이 되는 순간 내 인생은 망가집니다.

내 인생에 남의 시선을 개입시키지 마십시오. 당신의 인생입니다. 다른 사람의 인생이 아닙니다.

둘째, 남의 소리가 아닌 하나님의 음성에 집중하십시오.

나는 내 안에 계신 하나님의 음성에 집중합니다. 살아 계신 하나님께서 항상 말씀해 주시기 때문에 나는 어떤 것도 두렵지 않습니다.

셋째, 하나님께서는 나에 대한 계획이 있으십니다.

나에 대한 모든 계획이 있으십니다. 그 계획대로 온전히 순종하면 됩니다. 믿음대로 순종하면 행복합니다. 당신을 향한 계획도 있으십니다. 당신도 순종하면 행복한 삶을 살 수 있습니다.

넷째, 다른 것보다 가장 중요한 것은 믿음입니다.

하나님은 우리에게 자유를 주십니다. 평화를 주십니다. 남의 시선으로부터 자유로워지십시오. 평화롭게 사십시오. 어떤 것에 묶여 있지 마십시오. 당신의 인생은 존귀합니다. 어떤 것보다 귀합니다.

내 인생도 어떤 것보다 귀합니다. 어느 누구도 내 인생을 평가할 수 없습니다. 비난할 수 없습니다. 나와 당신은 죄인이 아닙니다. 하나님께서는 예수님을 통해 우리의 죄를 깨끗하게 씻어 주셨습니다. 이 사실을 그대로 믿으십시오. 하나님께서 믿게 하실 것입니다. 당신은 존귀합니다. 당신은 가치 있는 존재입니다. 하나님께서 당신을 그렇게 만드셨습니다. 당신을 축복합니다.

천재작가 장열정의 이야기와 깨달음 - 제 44 장

고인 물이 되지 말고 흐르는 물이 되라

당신은 잘못된 방법이라고 생각이 들면 다시 처음부터 시작합니까?

나는 잘못된 방법이라고 생각하면 다시 처음부터 시작합니다. 나는 잘못된 방법이지만 그대로 마무리했다가 다시 처음부터 한 경험이 많습니다. 그래서 지금은 잘못된 방법이라고 생각되면 그 자리에서 멈추고 바로 다시 시작합니다.

나는 잘못된 방법이라고 느꼈을 때 멈춰야 한다는 것을 알았지만 예전에는 그렇게 하지 못했습니다. 마무리가 되면 어떤 결과가 나타날지 궁금했기 때문입니다. 그래서 멈추지 않고 계속해서 진행했습니다.

한 번은 이런 경험을 했습니다. 잘못된 방법으로 진행을 했는데 의외의 결과가 나타났습니다. 결과가 좋게 나왔습니다. 나에게 이런 경험이 있다 보니 다음에도 같은 느낌이 들면 멈추지 않고 그대로 진행했습니다. 이렇게 하는 게 편하기도 했습니다.

나는 영상 제작을 했습니다. 교회 청소년부 미디어 팀을 만들고 영상 사역을 했습니다. 청소년 아이들에게 재미를 주기 위해 매주 예능 프로그램처럼 영상을 제작하였습니다. 정말 재미있었습니다.

촬영하기 위해 아이들을 모으고 재미있는 놀이와 추격전도 하고 실제 예능 프로그램처럼 진행하였습니다. 아이들도 재미있었는지 친구들을 데리고 오기 시작했고 자연스럽게 전도가 되어 청소년부 인원이 늘었습니다.

그런데 나는 그것보다 중요하게 생각한 것이 있었습니다. 오로지 좋은 영상을 만들어야 한다는 것에 집착했습니다. 영상 제작을 위해 교회에 다니고 있었습니다. 교회에 가야 하는 것도 영상을 만들어야 한다는 마음으로 갔습니다. 토요일 밤을 새고 예배를 드렸습니다.

나는 영상 제작하기 전에 기획안을 짭니다. 그리고 기획안대로 진행합니다. 가끔씩 기획안대로 진행되지 않을 때는 그저 흘러가는 대로 지켜봅니다. 흘러가는 대로 놔두면 영상 편집할 때 굉장히 힘듭니다. 기획안대로 진행해야 편집도 쉽고 원하는 영상이 나옵니다. 나는 촬영하면서 잘못된 방향이라는 것을 알면서도 멈추지 않았습니다. 그냥 그런대로 결과물이 나왔고 그 결과물로 인해 많은 사람들에게 인정받고 칭찬받았습니다.

나는 그때부터 영상 제작 기획안을 짜지 않았습니다. 그냥 흘러가는 대로 촬영했고 결국에는 영상 제작에 대한 진정한 의미가 없어졌습니다. 영상을 제작하는 목적이 사라진 것입니다.

내 믿음 생활에도 문제가 있었습니다. 영상 사역보다 중요한 것은 하나님께 온전히 예배하는 마음이 있어야 했습니다. 나는 계속해서 마음에 찔림이 있었습니다. 하지만 나는 사람들의 칭찬에 중독되어 있었습니다. 그래서 어떤 변화도 하고 싶지 않았습니다.

나는 오히려 거만해졌습니다. 청소년부에서 거만한 태도를 보였고 나태한 모습까지 보였습니다. 믿음의 사역이 아닌 그저 영상 만드는 작업자였습니다. 어느 날 영상을 만들고 집에 가는데 청소년부 교사를 그만두어야겠다는 생각이 들었습니다.

나는 그 다음날부터 청소년부에 가지 않았습니다. 많은 사람들이 나를 붙잡으려고 노력했습니다. 하지만 내 마음은 확고했습니다. 영상을 제작할 수 있는 제자도 세워 놓았기 때문에 내가 없어도 된다고 생각했습니다. 나는 무엇보다 내 믿음이 가장 중요했습니다.

내 믿음 없는 모습이 청소년부 아이들에게 좋지 않은 영향을 끼치고 있었기 때문에 교사를 하고 싶지 않았습니다. 아이들에게 미안했습니다. 너무나 미안했습니다. 다른 사람이 보기에는 무책임하고 섣부른 판단이었겠지만 나는 확신이 있었습니다.

그리고 나는 얼마 지나지 않아 교회를 옮겼습니다. 교회를 옮기기 전에는 청년부 봉사를 했습니다. 하지만 그것 또한 어느 날 갑자기 그만두게 되었습니다. 모두 하나님의 계획이었습니다.

내가 그 자리에 지금까지 있었다면 내 믿음 없는 모습이 누군가에게 부정적인 영향을 끼쳤을 것입니다. 무엇보다 내 믿음이 바닥이었습니다. 내가 있을 곳이 아니라고 생각했습니다.

하나님께서 나에게 말씀하십니다.

첫째, 하나님께서 부르신 땅으로 가야 합니다.

자리만 지키는 것이 전부가 아닙니다. 하나님께서 부르신 곳에서 예배해야 합니다.

둘째, 시간이 지나면 하나님께서 가장 좋은 것을 주십니다.

그 당시에는 사람의 생각으로는 도저히 이해하지 못합니다.

셋째, 하나님께서 정해 놓은 곳으로 걱정하지 말고 가십시오.

나는 교회를 옮길 때 마음이 불편했습니다. 하지만 이제는 아닙니다. 나는 교회를 옮겨서 믿음의 거장이 되었습니다.

여호와께서 아브람에게 이르시되 너는 너의 고향과 친척과 아버지의 집을 떠나 내가 네게 보여 줄 땅으로 가라 내가 너로 큰 민족을 이루고 네게 복을 주어 네 이름을 창대하게 하리니 너는 복이 될지라 너를 축복하는 자에게는 내가 복을 내리고 너를 저주하는 자에게는 내가 저주하리니 땅의 모든 족속이 너로 말미암아 복을 얻을 것이라 하신지라 (창 12:1-3)

나는 온전히 하나님만 믿습니다. 어떤 행위로 믿지 않습니다. 나는 지혜롭습니다. 하나님을 믿는 믿음도 지혜가 있어야 합니다. 지혜로워야 제대로 믿을 수 있습니다.

나는 이미 지혜로웠습니다. 당신도 이미 지혜롭습니다. 이것이 하나님의 방법이고 하나님께서 주신 지혜입니다. 지혜로운 자들은 지혜로운 선택만 합니다. 흐르지 않는 물은 썩기 마련입니다. 고인 물이 썩고 있다면 지금 움직여야 합니다.

은혜가 흐르는 곳으로 가십시오. 하나님께서 인도하는 그 땅으로 가십시오. 지금도 나에게 말씀하십니다. 나는 그 곳으로 갈 것입니다. 그 곳이 나에게는 최고의 삶을 살게 하는 곳이기 때문입니다. 당신도 나처럼 하십시오. 하나님께서 부르는 그 땅으로 가십시오. 그곳이 당신이 있어야 할 곳입니다.

천재작가 장열정의 이야기와 깨달음 - 제 45 장
성공의 진정한 기준은 무엇일까?

    당신은 얼마나 성공할 것 같습니까?

    나는 세계적인 사업가, 강연가, 작가가 되고 있습니다. 나는 내 꿈에 한계를 짓지 않습니다. 누구에게나 성공의 문은 열려 있습니다. 성공의 문을 여는 것도 당신의 선택입니다. 나는 성공의 문을 여는 선택을 했습니다. 당신은 어떤 선택을 할 것입니까?

    나와 당신에게 동일한 자격이 있습니다. 성공의 문을 열 수 있는 자격 말입니다. 처음부터 당신에게 그럴 자격이 없다고 생각하면 당신은 정말 그렇게 되지 않을 것입니다. 당신이 걱정되고 두려워서 시작하지도 못한다면 성공은커녕 어떤 것도 얻지 못하게 됩니다.

    아내의 친구 이야기입니다. 친구는 아직도 남자 친구를 한 번도 사귀어 보지 못했다고 합니다. 친구는 아직도 백마 탄 왕자를 기다리고 있습니다. 언젠가 왕자님이 다가와서 고백을 할 것 같다고 합니다.

    마음에 드는 청년이 있어도 마냥 기다리기만 합니다. 생각해보십시오. 어느 누가 먼저 와서 "당신을 사랑합니다."라고 하겠습니까? 누군가 당신에게 그랬다면 당신은 "감사합니다."라고 대답하면서 마음을 열겠습니까?

오히려 그렇게 다가오면 '바람둥이 아냐? 경험이 있어 보여'라고 의심할 것입니다. 아내는 친구에게 이렇게 이야기했다고 합니다.

"시험을 보려면 시험장에 가야지."

"응, 그래야지"

"그런데 너는 시험장에 가지도 않았어. 시험공부는 열심히 했는데 왜 시험장에 가지 않니?"

"아니, 그래도 누군가 나에게 먼저 다가오겠지. 하나님께서 예비하신 사람이라면 나에게 먼저 찾아 올 거야. 나는 기도했어."

"시험을 보지도 않았는데 시험 점수가 어떻게 잘 나오니. 이거랑 똑같은 거야. 하나님께 기도했으면 네가 믿고 움직여야 해. 네가 그렇게 움직여야만 해. 어느 누가 너에게 먼저 다가오겠니. 계속 기도만 하고 있을 거니? 누군가 다가올 수도 있지만 지금까지 없었다면 네가 움직여야 할 때인 것 같아."

나도 그랬습니다. 하나님께 내가 원하는 것을 기도합니다. 그리고 하나님께서 주실 때까지 아무것도 하지 않고 마냥 기다립니다. 그냥 주시는 경우도 있습니다. 하지만 내가 먼저 그렇게 움직여야 합니다. 하나님께서 일하실 수 있도록 내가 움직여야 합니다.

내가 선교 단체에서 사역했을 때의 이야기입니다. 피아노 반주 담당 간사가 찬송가 악보를 사무실에 놓고 왔습니다. 당황한 간사는 팀장님에게 이렇게 이야기합니다.

"팀장님, 악보를 두고 왔어요."

"어떻게? 악보는 외웠니?"

"아니요. 기도했으니 하나님께서 도와주실 거예요."

목사님께서 대답하십니다.

"간사님, 간사님이 찬송가를 먼저 챙겨 놓고 기도해야 합니다. 아무런 준비도 하지 않고 하나님께 기도하면 모두 된다고 생각하지 마세요. 간사님이 먼저 움직여야 합니다. 만약 반주를 하지 못한다면 하나님을 원망할 것인가요? 간사님 습관부터 고치세요."

하나님을 믿는다고 하고 기도만 하면 이루어지지 않습니다. 기도한 대로 될 수 있도록 믿고 움직이십시오.

당신부터 그렇게 하십시오. 당신이 믿고 움직일 때 하나님께서 당신을 돕습니다. 믿음으로 순종해야 하나님께서 도우십니다.

나는 아내를 선교 단체 팀장님 소개로 만났습니다. 아내와 처음 만난 날 하나님께서 이 사람이 내 아내가 될 사람이라고 말씀하셨습니다. 미래의 내 아내의 얼굴을 보여주신 것입니다. 나는 아내에게 두 번째 만남에서 이렇게 고백했습니다.

"하나님께서 당신이 내 아내라고 하십니다."

"네? 저는 친구처럼 지내면서 천천히 알아 가고 싶어요."

"저도 잘 모르겠습니다. 하나님께서 그렇게 말씀하시니 제가 그렇게 움직이겠습니다."

실제로 아내는 많은 상처 때문에 마음고생하고 있었습니다. 하나님께서 내 아내라고 이야기했기 때문에 그 날부터 매일 아내를 보러 갔습니다. 아내는 매일 같이 찾아오는 내 모습을 보고 감동했습니다. 나에게 마음을 조금씩 열기 시작했습니다.

결혼하고 아내에게 물었습니다.

"내가 그때 당신에게 그렇게 하지 않았으면 어떻게 됐을까요?"

아내는 이렇게 대답합니다.

"내가 마음을 열지 못했을 거예요."

하나님께서 그렇게 하라고 했기 때문에 나는 순종했습니다. 나는 잠을 덜 자고 매일 같이 아내에게 달려갔습니다. 아내와 연애한 지 9개월 만에 결혼했습니다. 결혼도 한 달 만에 준비했고 집도 한 달 만에 구했습니다. 모든 것이 일사천리로 진행되었습니다.

나는 한 달 안에 결혼을 준비하기 위해 최선을 다했습니다. 내가 최선을 다하지 않았다면 하나님께서 결혼을 허락하지 않으셨을 거라는 생각이 들었습니다. 하지만 그것이 아니었습니다. 하나님께서 내가 그렇게 하도록 내 마음까지 움직여 주신 것입니다. 나는 이렇게 순종하는 연습을 하고 있었습니다.

나는 성공과 순종이 같다고 생각합니다.

첫째, 순종하는 만큼 성공합니다.

하나님께서 당신을 향한 계획이 너무나도 크지만 당신이 작은 생각을 가지고 있기 때문에 크게 성공하지 못하는 것입니다. 하나님은 나에게 엄청난 부요를 주셨는데 내가 부요를 감당할 수 없었기 때문에 그동안 부요를 주시지 않았습니다. 부요를 주시지 않은 것이 아니라 내가 거부한 것입니다. 나는 이제 순종하는 마음으로 모든 부요를 감사함으로 받았습니다.

둘째, 이미 성공했다는 믿음이 있어야 합니다.

하나님의 자녀는 이미 성공했습니다. 하나님께서 그렇게 계획하셨습니다. 나와 당신이 순종하면 이루어지는 것입니다. 하지만 사람들은 순종하지 않습니다. 그래서 성공하지 못하는 것입니다.

셋째, 진정한 성공은 복음입니다.

나는 성공의 진정한 의미를 깨달았습니다. 하나님의 사랑을 전하는 것이 가장 큰 성공입니다. 그동안 나는 행복하지 않았습니다. 나는 이제야 진정한 행복을 찾았습니다. 이제 진정한 성공을 찾았습니다. 온전한 복음으로 사는 것이 진정한 성공입니다. 온전한 복음을 전하는 것이 진정한 행복입니다.

오직 성령이 너희에게 임하시면 너희가 권능을 받고 예루살렘과 온 유대와 사마리아와 땅 끝까지 이르러 내 증인이 되리라 하시니라 (행 1:8)

지혜 있는 자는 궁창의 빛과 같이 빛날 것이요 많은 사람을 옳은 데로 돌아오게 한 자는 별과 같이 영원토록 빛나리라 (단 12:3)

당신도 나처럼 하나님을 전하는 성공적인 삶을 사십시오. 당신도 세계적인 사업가, 강연가, 작가입니다. 책을 통해 온전한 복음을 전하십시오. 하나님도 성경책을 통해 나와 당신에게 말씀하십니다. 이것이 하나님의 방법입니다. 하나님의 방법으로 성공하십시오. 온전한 복음을 전하는 최고의 삶을 사십시오. 이제 당신 차례입니다.

천재작가 장열정의 이야기와 깨달음 - 제46장

당신의 마음 배터리를 충전하라

당신은 평안한 마음으로 휴식을 취하고 있습니까?

나는 아주 평안하게 휴식을 취하고 있습니다. 불과 몇 개월 전만 해도 평안한 마음으로 휴식을 취하지 못했습니다. 휴식을 하면서도 머릿속에는 온통 여러 가지 생각에 사로잡혀 있었습니다. 평안한 휴식이 아니라 잠시 쉬는 시간이었습니다.

나는 평안하게 휴식하는 방법을 알지 못했습니다. 나는 낚시를 매우 좋아했습니다. 낚시를 가면 나만의 시간을 가질 수 있다고 생각했습니다. 하지만 낚시하러 가면 나만의 시간을 갖는 것이 아니라 물고기와 시간을 보내곤 했습니다. 나 혼자만의 시간을 보내기 위해 낚시를 떠나지만 물고기가 잡히면 많이 잡혀서 힘들다고 투덜대고 물고기가 안 잡히면 기분이 나빠지는 이상한 휴식을 취하곤 했습니다.

나는 이런 휴식을 중단했습니다. 휴식은 말 그대로 몸과 마음이 휴식하는 것입니다. 휴식은 나만의 평안한 시간을 보내는 것입니다. 당신은 그런 시간을 보내고 있습니까? 휴식을 취한 다음에 마음이 더 불편하지 않습니까? 휴식 후에 해야 할 일이 있어서 불안하지 않습니까?

나와 아내가 신혼여행에서 있었던 일입니다. 신혼여행은 4박 5일 일정이었습니다. 나와 아내는 핸드폰을 모두 꺼 놓고 신혼여행을 즐겼습니다. 가고 싶은 곳에 가고 아무 생각 없이 편하게 쉬고 놀았습니다. 천국이 따로 없었습니다. 평생 그 곳에서 살고 싶었습니다. 집으로 돌아오기 싫을 정도였습니다.

많은 사람들이 신혼여행을 왜 좋은 곳으로 가라고 이야기하는지 이해가 됐습니다. 왜 오랜 시간 동안 다녀오라고 했는지도 그제야 이해됐습니다. 신혼여행 3일째 되는 날이었습니다. 나와 아내는 꺼져 있던 핸드폰 전원을 켰습니다. 부재중 통화, 문자, SNS 소식이 많이 들어와 있었습니다. 나는 그때부터 신혼여행이 끝난 뒤가 걱정되었습니다. 신혼여행이 끝난 후에 해야 할 일들을 생각하게 되었습니다.

아직 이틀이라는 시간이 남았는데 휴대폰 전원을 켜는 순간 불안한 마음과 아쉬운 마음이 내 마음 속에 가득 찼던 것입니다. 이미 마음에서는 신혼여행이 끝났습니다. 나는 이틀 동안 신혼여행이 끝났다는 아쉬움 속에 시간을 보냈습니다. 그리고 불안한 기색이 역력했습니다. 나는 그렇게 행복한 시간을 충분히 즐기지 못하고 돌아왔습니다.

지금 생각해보면 너무나 어리석은 일입니다. 어차피 4박5일이 끝나면 현실로 돌아옵니다. 하지만 3일째 되는 날 현실로 돌아올 필요가 없습니다. 그 시간을 충분히 즐기고 마음의 평안을 취하면 됩니다. 하지만 내 어리석은 생각 때문에 황금 같은 시간을 아쉬움 속에서 그냥 흘려보냈습니다. 그것도 이틀이나 말입니다.

당신은 가족과 나들이 갈 때 이미 돌아올 때를 떠올리지 않습니까?

나는 나들이 가서 좋은 시간만을 떠올립니다. 돌아올 것을 생각하지 않습니다. 생각을 하나 안하나 어차피 돌아오게 됩니다. 좋은 시간을 떠올려서 행복한 생각을 하는 것이 현명한 선택입니다. 굳이 고속도로가 꽉꽉 막히는 상상을 할 필요도 없으며 피곤한 몸 상태까지 생각할 필요도 없습니다. 그럴 거라면 아예 나들이를 가지 않는 것이 좋습니다. 집에서 나들이처럼 놀고 편하고 즐겁게 시간을 보내는 것이 낫지 않겠습니까?

나는 직장 생활하는 동안 가족과 나들이를 가지 못했습니다. 나들이 계획을 했다가도 차가 막힌다는 핑계를 대기도 했고 몸이 피곤하다면서 잠을 자곤 했습니다. 사랑하는 딸이 9개월이 되어서야 나들이를 갔습니다. 가기 전까지 피곤하고 차가 막힐 것 같은 느낌에 이미 몸과 마음은 피곤해져 있었습니다. 하지만 나들이 장소에 도착하니 행복함이 물밀듯이 내 마음속에 들어왔습니다. 피로도 말끔히 사라졌습니다. 나는 그동안 어리석은 생각에 빠져 행복을 즐기지 못하고 있었습니다. 어리석음으로 평생을 살아간다면 내 인생은 어리석은 인생이 되는 것입니다. 나는 이러한 모든 어리석은 생각을 버렸습니다.

하나님은 나와 당신에게 지혜를 주셨습니다. 당신은 지혜로운 삶을 살아야 합니다. 당신도 나처럼 어리석은 생각을 멈춰야 합니다. 어리석음은 당신을 병들게 합니다. 솔로몬은 지혜의 왕이었습니다. 하나님이 주시는 지혜로 많은 이들에게 본이 되었습니다. 사람들이 솔로몬의 지혜를 들으러 왔습니다.

사람들이 솔로몬의 지혜를 들으러 왔으니 이는 그의 지혜의 소문을 들은 천하 모든 왕들이 보낸 자들이더라 (왕상 4:34)

두 여자가 한 아이를 놓고 서로 자기 자식이라고 우기는 일이 일어났습니다. 솔로몬은 하나님의 지혜로 문제를 해결하였습니다. 솔로몬은 아이를 둘로 나누어 반은 이 여자에게 주고 반은 저 여자에게 주라고 명령합니다. 그러자 한 여자는 아이를 상대방 여자에게 주고 죽이지 말라고 합니다. 하지만 한 여자는 나누게 하라고 하였습니다. 이에 솔로몬은 첫 번째 여자가 생모라는 것을 알게 되었습니다.(왕상 3:16)

이것이 하나님의 지혜입니다. 나는 하나님의 지혜로 살기로 했습니다. 나는 나와 가족의 행복을 빼앗아 가는 어리석은 생각을 모두 버렸습니다. 나는 행복합니다. 내 휴식에는 진정한 평안이 있습니다.

진정한 평안을 취하려면 어떻게 해야 할까요?

첫째, 미리 걱정하지 말고 행복한 그 순간을 생각해야 합니다.

나들이를 갈 때 돌아올 것을 생각하는 것이 아니라 나들이 가서 행복해 하는 나와 아내, 자녀를 떠올리는 것입니다. 지금 상상해 보십시오. 상상만으로도 행복하지 않습니까? 나는 지금도 설렙니다.

둘째, 오로지 그 순간에만 집중해야 합니다.

휴식을 취하는 그 순간만을 생각합니다. 미리 앞서 생각하다 보면 걱정과 불안이 당신의 마음을 사로잡습니다. 걱정과 불안이 오지 않는 일이라면 생각해도 좋습니다. 하지만 휴식에 방해되는 생각은 하지 마십시오. 당신이 해야 할 것은 평안한 휴식이기 때문입니다.

셋째, 하나님의 지혜를 사모해야 합니다.

기도하십시오. 하나님의 지혜를 구하고 감사하십시오. 당신은 이미 지혜롭습니다. 하나님을 믿는 믿음으로 구하고 감사함으로 고백하십시오. 이미 받은 줄로 믿고 그렇게 생각하고 행동하십시오. 이것 또한 하나님의 지혜입니다.

나는 휴식을 좋아합니다. 마음이 평안해지는 시간을 즐깁니다. 나는 평안한 시간에 하나님과 조용한 대화를 나눕니다. 평안이 내 안에 가득합니다. 더 이상 두려움도 없게 되고 걱정도 없게 됩니다. 휴식이 끝나면 핸드폰이 완전히 충전되는 것처럼 최고의 생각과 능력이 발휘됩니다. 나는 진정한 휴식 없이는 이것이 불가능하다고 믿습니다.

당신도 이제 평안한 휴식을 취하십시오. 당신의 마음은 충전이 되어야 합니다. 당신의 마음 배터리는 방전되고 있지 않습니까? 당신은 많이 힘들지 않습니까? 당신은 많이 지치지 않았습니까? 그래서 외롭지 않았습니까? 이제 그것을 중단하고 하나님께 지혜를 구하십시오.

하나님과 진정한 평안의 시간을 가지십시오. 당신은 이제 충전해야만 합니다. 당신의 마음을 방전시키지 마십시오. 지금 바로 충전하십시오. 하나님과 평안한 휴식을 취하십시오.

천재작가 장열정의 이야기와 깨달음 - 제 47 장

크게 성공하려면 여행부터 다녀와라

당신은 여행을 많이 다닙니까?

나는 여행을 가고 싶을 때 갑니다. 나는 내 시간을 자유롭게 관리합니다. 내가 시간을 경영합니다. 여행도 내가 가고 싶으면 바로 갑니다. 나는 평생 여행하면서 살 것입니다.

직장에서는 상상할 수 없는 일입니다. 여행을 가려면 온갖 거짓말과 아부를 부려야 합니다. 여행가면서도 눈치 보입니다. 여행 갔다 와서도 눈치 보입니다. 여행은 눈치로 시작해서 눈치로 끝납니다.

내가 신혼의 단 꿈에 빠져 있을 때의 일입니다. 나는 직장을 그만두고 사업을 준비하고 있었습니다. 사업을 시작하면 여행을 자주 못 갈 것 같아서 여행 계획을 잡았습니다. 해외여행도 아니고 제주도 여행이었습니다. 그때 마침 장마철이라 여행을 미루게 되었습니다. 그렇게 여행을 미룬 지 2년이 지난 후에야 제주도를 다녀왔습니다. 그것도 직장 생활하면서도 아니고 직장을 그만둔 후에 말입니다.

나는 여행 가는 것이 쉽지 않았습니다. 여행을 가기로 마음먹기까지 시간이 오래 걸렸습니다. 마음의 여유가 없었기 때문입니다. 여행은 마음의 여유에서 출발합니다. 마음의 여유를 찾기 위해 여행을 가기도 하고 여유를 즐기기 위해서 여행을 가기도 합니다.

나는 마음의 여유가 없었습니다. 내가 할 일이 많았기 때문입니다. 여행가서도 일할 생각을 했습니다. 노트북을 들고 가려고 했습니다. 여행은 가서 푹 쉬고 오면 되는 것입니다. 실컷 즐기고 실컷 쉬다가 오면 그만입니다. 하지만 여행가서도 일을 하려고 했습니다. 나에게는 쉼을 위한 작은 여유도 없었습니다.

나는 제주도 여행을 2년 만에 가기로 결정하고 여행을 가기 위한 준비를 했습니다. 지인에게 물어보기도 하고 여러 홈페이지에서 검색을 했습니다. 마침내 마음에 드는 여행 패키지를 찾았습니다. 하지만 내가 원하는 일정에 갈 수 없었습니다. 이것저것 찾아봤지만 내가 마음에 드는 것이 없었습니다. 그 순간 내 마음에는 여행을 포기하고 싶은 생각이 들었습니다. 한 시간도 찾아보지 않고 바로 포기하려고 한 것입니다. 여행을 많이 가보지 않았기에 그렇게 포기하고 싶어졌던 것입니다. 그리고는 아내에게 이렇게 이야기했습니다.

"여보, 여름에는 성수기이니 가을에 다녀올까요?"

아내는 이렇게 대답합니다.

"아마 그때도 못 갈 거예요."

이미 2년 전에 이런 대화를 나눴기 때문입니다. 다시 제주도 여행을 가기로 결심한 것이 2년이 지났습니다. 다시 2년 전 일이 반복되고 있었던 것입니다. 나는 결심했습니다.

"그래요, 지금 가요. 이번에는 꼭 갑시다."

이렇게 제주도 여행을 2년 만에 갔습니다. 해외여행도 아니고 국내여행을 2년 만에 결정했다는 사실이 놀랍지 않습니까?

당신은 여행을 자주 가는 편입니까?

나는 1인창업을 하고 가고 싶은 곳에 자유롭게 갑니다. 가고 싶

시간에 자유롭게 갑니다. 오늘 당장 가고 싶으면 바로 갑니다. 머뭇거리지 않습니다. 머뭇거리면 2년이 걸립니다. 지금 경험하면 2년 뒤에는 더욱 멋진 여행을 할 수 있습니다.

나는 여행을 평안하게 휴식하기 위해 떠납니다. 여행을 자주 가는 것보다 제대로 가는 것이 중요합니다. 어떤 마음으로 여행을 떠나는지도 중요합니다. 여행가서 아침 일찍 일어나서 저녁 늦게까지 정해진 코스를 도는 것도 물론 알찹니다. 하지만 지치고 피곤해집니다. 그 곳의 모든 것을 다 보고 온다고 해서 여행의 의미가 있지는 않습니다.

나는 여행을 내 생각의 폭을 넓히기 위해서 갑니다. 매일 똑같은 환경에 있는 것보다 가끔씩 여행을 떠나서 생각하면 엄청난 깨달음을 얻습니다. 여행이 주는 엄청난 축복입니다.

나는 여행을 갈 때마다 가족의 소중함을 깨닫습니다. 여행가서 느끼는 것은 가족의 행복입니다. 나는 여행을 꼭 가족과 함께 갑니다. 가족 때문에 여행갑니다.

예전에는 가족과 함께 여행가는 것을 꺼렸습니다. 친구들과 여행가는 것을 좋아했습니다. 직장 동료들과 놀러 가는 것을 좋아했습니다. 가족과 함께 가면 내가 신경 써야 할 것이 많기 때문입니다. 내가 모든 것을 챙겨야 하기 때문입니다. 그래서 아무것도 신경 쓰지 않고 편하게 여행가는 것을 좋아했습니다. 하지만 그렇게 여행가면 항상 가족이 눈에 밟혔습니다. '나는 이렇게 재미있게 놀고 있는데 아내와 딸은 무엇을 할까? 밥은 잘 챙겨 먹고 있나?'라고 걱정했습니다. 오히려 마음이 편하지 않았습니다. 그런데도 이런 여행을 즐겼습니다.

내가 1인창업을 하고 진정한 여행에 대해서 깨달았습니다. 진정한 여행은 가족과 함께 하는 것입니다. 가족과 행복한 시간을 보내는 것입니다. 가족과 새로운 곳에 가는 것입니다. 가족과 새로운 깨달음을 얻는 시간이 여행입니다.

나는 여행을 통해 몇 가지를 깨달았습니다.

첫째, 여행도 가본 사람이 간다.
둘째, 최고의 여행은 가족과 함께하는 것이다.
셋째, 크게 성공하려면 가족과 함께 시간을 보내라.
넷째, 인생은 가족과 함께 하는 여행이다.

나는 여행을 통해 인생에 대해 깨달았습니다. 여행은 특별합니다. 인생도 특별합니다. 인생은 가족과 함께 하는 여행입니다.

당신은 어떤 여행을 하고 있습니까?

나는 가족과 함께 아주 행복한 여행을 하고 있습니다. 새로운 곳에 여행할 때에는 가이드가 필요합니다. 하나님께서는 내 인생 여행의 가이드이십니다. 가이드 안내를 따라 나는 아주 편하게 여행하고 있습니다. 행복하게 여행하고 있습니다. 부요하게 여행하고 있습니다.

지금 당장 여행을 떠나십시오. 그동안 생각만 하고 있었던 곳에 지금 당장 가십시오. 현실에 갇혀 있지 말고 지금 당장 넓은 세계를 향해 나아가십시오. 우물 안에 개구리가 되지 마십시오.

나는 넓은 세계를 향해 나아가고 있습니다. 내 책이 전국과 세계를 다니며 내 이야기를 전해 주고 있습니다. 넓은 세계를 경험한 사람이 넓은 세계에 나갈 수 있습니다. 당신은 어떤 세계에 있습니까? 직장에만 머무르고 있습니까? 집에서만 머무르고 있습니까? 매일 가던 곳만 갑니까? 매일 하는 생각만 합니까?

1인창업하여 인생의 여행을 행복하게 하십시오. 가족과 행복하게 여행하십시오. 자유롭게 여행하십시오. 가고 싶은 곳에 자유롭게 가십시오. 가고 싶은 시간에 자유롭게 가십시오. 이것이 하나님께서 주신 축복입니다. 나와 당신을 향한 하나님의 사랑입니다.

이제 마음껏 여행하십시오. 넓은 세계에 당신의 이야기를 전하십시오. 당신의 책이 당신을 대신하여 전국과 세계에 당신의 이야기를 전할 것입니다. 지금 바로 1인창업으로 최고의 여행을 시작하십시오.

천재작가 장열정의 이야기와 깨달음 - 제 48 장
억만장자는 휴식할 때 아이디어를 얻는다

당신은 하루 몇 시간 잠을 잡니까?

나는 잠을 자고 싶은 만큼 푹 잡니다. 나는 항상 잠이 부족했습니다. 직장인이 된 이후로는 시간만 나면 잠자기 바빴습니다. 아무리 자도 졸렸습니다. 편안한 마음으로 잠을 자지 못했기 때문입니다.

당신은 편안한 마음으로 잠을 잡니까?

나는 직장 다니면서도 편안하게 잠을 자지 못했고 사업을 시작하면서도 숙면을 취하지 못했습니다. 마음이 항상 불안했기 때문입니다. 직장 생활하면서는 다음날 출근하기 싫어서 매일 아쉬운 마음으로 잠들곤 했습니다.

사업을 하면서도 마음이 항상 불안했습니다. '내일은 수입을 많이 올려야 하는데 안 되면 어떡하지? 내일은 손님이 많았으면 좋겠다.'라는 걱정과 염려 가운데 살았습니다.

나는 매일 잠이 부족하여 항상 피곤했습니다. 입에서 나오는 말은 "피곤하다. 한숨 자고 싶다. 하루 종일 자고 싶다."라는 말을 입에 달고 살았습니다. 매일 피곤한 삶을 살았습니다.

나는 여행가서도 잠만 잤습니다. 부산 여행을 가서 잠을 보충한 기억이 납니다. 1박2일 일정으로 부산 여행을 갔습니다. 새벽 기차를 타고 부산에 도착했습니다. 걷는 일정을 빼고는 잠을 잔 기억밖에 나지 않습니다. 기차에서 자고 이동하는 차에서 잠들었습니다. 심지어 유람선을 탔는데 그 안에서 잠만 잤습니다. 지금 생각하면 이렇게 미련한 짓이 없습니다. 이럴 거라면 여행을 가지 않는 것이 낫습니다. 집에서 1박2일 내내 잠자면 편안하게 쉬었을 것입니다. 나는 이렇게 어리석게 살았습니다. 극도로 피곤한 삶을 살았습니다.

나는 잠을 자더라도 여행을 가서 자야겠다는 생각을 했습니다. 시간이 아까웠기 때문입니다. 집에서 자기에는 세월이 아깝고 여행을 가기에는 너무 피곤했기 때문에 두 가지를 동시에 했던 것입니다. '여행을 가서 잠을 잔다.' 지금 생각하면 웃음만 나옵니다.

나는 이제 피곤하지 않습니다. 잠을 푹 자기 때문입니다. 더 이상 직장에 출근할 필요도 없고 하루 종일 일할 필요도 없어졌습니다. 내 마음에 여유가 생겼기 때문에 피곤함이 없어졌습니다. 예전에도 수면시간은 충분했습니다. 하지만 마음에 여유가 없으니 숙면을 취하지 못하고 매일 불안함 가운데 살았던 것입니다. 당신도 그렇지 않습니까?

나는 매일 생기 넘치는 생활을 하고 있습니다. 피곤함이 없어지니 긍정적인 에너지가 마구 샘솟습니다. 나는 일하는 시간보다 여유를 즐기는 시간이 더 많습니다. 내 아이디어와 깨달음은 편안한 마음으로 휴식할 때 나옵니다. 자유로운 생활에서 창조적인 아이디어가 폭발하는 것입니다.

나는 휴식을 즐깁니다. 아이디어가 폭발하는 휴식이 너무나 좋습니다. 일을 오랫동안 하면 오히려 아이디어가 나오지 않습니다. 깨달음이 없어집니다. 산책도 하고 집에서 아무 것도 하지 않고 뒹구는 시간에 아이디어가 마구 튀어나옵니다. 그때마다 간단한 메모만 합니다.

그리고 여유를 즐기고 자유를 즐깁니다. 억만장자가 이렇게 합니다.

창조적인 일을 하는 사람들에게는 여유와 자유가 꼭 필요합니다. 어딘가에 사로잡혀 있거나 마음에 걸리는 일이 있으면 어떤 일도 손에 잡히지 않습니다.

1인창업은 가장 여유로운 최고의 평생 직업입니다. 가장 창조적인 일입니다. 자신만의 특별함으로 평생 사업을 할 수 있습니다. 아이디어는 휴식을 취할 때 마구 폭발합니다. 정말 신기하지 않습니까? 자유로운 생활에서 창조적인 일을 한다는 것이 말입니다. 당신도 가능합니다. 나처럼 하면 누구나 다 할 수 있습니다.

당신도 이제 충분한 휴식을 취하십시오. 당신도 이제 숙면을 취하십시오. 피곤함을 졸업하십시오. 매일 생기 넘치고 긍정적인 에너지를 내뿜으십시오. 주변 사람들에게 그 에너지를 전하십시오.

휴식은 몸을 건강하게 유지해 줍니다. 휴식은 마음을 건강하게 유지해 줍니다. 마음껏 휴식하십시오. 평안한 마음에서 터져 나오는 아이디어로 사업하십시오. 책을 쓰십시오. 강연을 하십시오. 엄청난 깨달음을 전하십시오. 이것이 억만장자가 되는 비결입니다.

나를 이를 통해 몇 가지 깨달음을 얻었습니다.

첫째, 휴식하면 건강해진다.
둘째, 휴식하면 깨달음이 많아진다.
셋째, 휴식은 성령님과 대화하는 시간이다.

나는 휴식을 즐기면 게을러지는 줄 알았습니다. 하지만 오히려 부지런해졌습니다. 신기하지 않습니까? 휴식하면서 폭발적으로 터져 나오는 아이디어를 실행하기 위해서 더욱 부지런해지는 것입니다. 진정으로 평안한 휴식을 하니 몸과 마음이 건강해졌습니다.

휴식은 성령님과 함께 이야기하는 시간입니다. 내 안에 성령님이 함께 계십니다. 성령님께 내 생각과 마음을 이야기하고 도움을 구합니다. 그러면 성령님께서 이야기해 주십니다. 나에게 말씀하십니다. 이것이 진정한 휴식입니다. 당신은 어떤 휴식을 하고 있습니까?

당신도 당신 안에 계시는 성령님과 함께 대화하십시오. 당신의 이야기를 하고 도움을 구하십시오. 그리고 물어보십시오. 성령님께서 이야기해 주십니다. 성령님께서 엄청난 깨달음을 주실 것입니다.

사람에게서는 나올 수 없는 엄청난 깨달음으로 창업을 하고 사업을 하십시오. 하나님의 방법으로 책을 쓰고 강연을 하십시오. 그리고 억만장자가 되어 마음껏 온전한 복음을 전하십시오. 누구보다 행복하게 사십시오. 이것이 하나님을 믿는 진정한 억만장자의 삶입니다.

천재작가 장열정의 이야기와 깨달음 - 제 49 장

마음까지 부요한 억만장자 마인드를 가져라

당신은 머리 스타일에 많은 애착이 있습니까?

나는 머리를 멋지게 꾸미는 것을 좋아합니다. 나는 머리에서 자신감을 얻었습니다. 머리 스타일이 마음에 들지 않으면 하루 종일 자신이 없었습니다. 외출하기 전에 머리 스타일을 마음에 들 때까지 꾸미고 나가곤 했습니다.

나는 고등학교 1학년 때부터 머리를 집에서 혼자 잘랐습니다. 나는 머리 자르러 미용실에 자주 갔었는데 그때마다 마음에 들지 않았습니다. 그래서 미용사를 유심히 보기 시작했습니다. 어떻게 머리를 자르는지 분석하기 시작한 것입니다. 윗머리는 어떤 가위로 자르는지 옆머리는 어떤 방향으로 자르는지 외우기 시작했습니다.

어느 날 친구가 미용실에서 쓰는 가위가 있다는 것입니다. 나는 친구에게 가위를 빌려서 집에 왔습니다. 머리를 집에서 잘라 보기로 했습니다. 처음에는 겁이 났습니다. 가뜩이나 머리 스타일에 대한 애착이 있는데 머리를 이상하게 자르면 자신감을 잃게 될 것 같았습니다.

나는 조심스럽게 윗머리를 자르기 시작했습니다. 그런데 생각보다 잘 됐습니다. 윗머리가 마음에 들게 잘렸습니다. 그 다음 옆머리를 조심스럽게 잘랐습니다. 윗머리보다는 옆머리가 문제였습니다. 미용실에 갔다 오면 옆머리가 매번 마음에 들지 않았습니다. 매번 같은 스타일로 잘라 주는 것이 이해되지 않았습니다.

나는 마음에 들 때까지 가위를 들고 씨름하기 시작했습니다. 장장 3시간 동안 머리를 잘랐습니다. 결과는 대만족이었습니다. 너무나 마음에 들었습니다. 자신감이 넘쳤습니다. 어깨에 힘이 들어가고 눈에 힘이 들어가기 시작했습니다.

어머니에게 달려가서 외쳤습니다.

"엄마. 나 머리 잘랐어요."

어머니는 아무렇지도 않게 이렇게 말했습니다.

"또 같은 미용실 갔다 왔어? 다른 데 가보지."

나는 당황스러웠습니다. 3시간 동안 화장실에서 열심히 잘랐는데 말입니다. 소심하게 대답했습니다.

"엄마, 내가 잘랐어요. 3시간 동안"

어머니는 이렇게 말씀하십니다.

"우리 아들 돈 벌었네, 잘했다"

나는 사실 돈이 아까워서 집에서 머리를 자른 것입니다. 돈이 없어서 아까운 것이 아니라 매번 똑같은 머리 스타일이 싫었던 것입니다.

그 이후로 나는 10년간 혼자서 머리를 잘랐습니다. 군 입대를 제외하고 뒷머리가 너무 길어서 혼자 감당이 안 될 때를 제외하고는 미용실에 가지 않았습니다. 10년 동안 5번 정도 갔습니다. 뒷머리는 동생이 잘라 줬습니다. 나에게는 두 살 터울 남동생이 있습니다.

남동생에게 머리 자르는 방법을 알려주었습니다. 동생은 내 뒷머리 커트 담당이었습니다. 그 이후로 동생도 자신의 머리를 혼자 자르기 시작했습니다. 이런 모습을 본 아버지도 머리를 가끔 나에게 맡기셨습니다. 늦은 시간 퇴근하셔서 이발을 못하실 때 나에게 머리를 잘라 달라고 하셨습니다.

나는 머리를 자를 수 있어서 아버지와 친밀한 시간도 가지게 되었습니다. 평생 아버지의 머리를 만져 보지 못했는데 그때 아버지의 머리를 많이 만져 보았습니다. 혼자 머리 자르는 것이 아버지와 동생, 그리고 어머니와의 친밀한 시간을 만들어 주었습니다.

나는 얼마 전에 12년 동안 한 번도 바꾼 적이 없는 머리 스타일을 바꿨습니다. 나에게는 가장 큰 결단이었습니다. 이제 집에서 머리를 자르지 않기로 했습니다. 나만의 머리 스타일만 고집했던 내가 그동안 해보지 않은 정말 멋진 스타일을 선택했습니다.

나는 머리 스타일을 바꾸고 마음가짐이 달라졌습니다. 당당해졌습니다. 자신감이 넘칩니다. 역시 전문가에게 맡겨야 합니다. 헤어 전문가는 하루 종일 머리 스타일을 연구하고 분석합니다. 굳이 12년 동안 같은 머리 스타일로 살 이유가 없었습니다. 나는 12년 동안 한결 같은 모습으로 살아왔습니다.

나는 12년의 세월이 아깝게 느껴졌습니다. 다른 머리 스타일로 내 모습을 새롭게 변화할 수 있었는데 머리 스타일은 12년 전에서 멈춰버린 것입니다. 이제 나는 멈추지 않을 것입니다.

내 머리 스타일은 12년 동안 그대로였지만 내 마음은 너무나 부요해졌습니다. 나는 마음의 부자입니다. 마음의 부자가 되는 시간은 길지 않았습니다. 한순간에 마음의 부자가 되었습니다. 마음의 부자가 되는 순간 다른 것들이 해결되었습니다. 저절로 해결되게 됩니다.

당신은 성공하기를 원합니까? 나는 이미 성공했다는 마음이 있었습니다. 그렇다면 마음의 부자는 어떻게 되는 것일까요?

첫째, 이미 성공한 곳에서 시작해야 합니다.

성공한 곳에서 시작한다는 것은 이미 성공한 사람처럼 생각하고 말하고 행동하는 것을 말합니다. 그러면 저절로 성공하지 않겠습니까?

둘째, 성공으로 이끌어 주는 천재코치를 만나야 합니다.

나는 나를 성공으로 이끌어 주는 천재멘토를 만났습니다. 천재멘토는 진정한 성공을 알려줍니다. 단순한 물질적 성공은 기본입니다. 가장 중요한 것은 행복입니다. 성공의 기준은 행복입니다. 행복해야 성공하는 것입니다. 진정한 성공을 알려주는 천재코치를 만나십시오.

셋째, 하나님은 우리가 부요하기를 원하십니다.

하나님은 우리가 가난하게 사는 것을 원하지 않으십니다. 교회 다니는 사람은 왜 가난해야 합니까? 하나님은 우리를 하나님의 자녀, 왕의 아들로 이 땅에 부르셨습니다. 나와 당신은 왕의 자녀입니다. 왕처럼 사십시오. 왕은 부요합니다. 나와 당신은 진정으로 부요하고 행복한 왕이 되어야만 합니다.

마음의 부자는 절대로 가난하지 않습니다. 마음의 부자는 억만장자 마인드를 가진 사람입니다. 아무리 많은 돈을 주더라도 행복은 어디에서도 살 수 없습니다. 돈으로 살 수 없는 것이 행복입니다. 하지만 많은 사람들은 돈으로 행복을 사려고 합니다. 그런 가난한 짓은 절대로 하지 마십시오.

억만장자 마인드는 하나님을 믿는 마음에서 옵니다. 하나님을 믿는 자에게는 부요함을 흘러넘치게 주십니다. 더 이상 가난하게 살지 마십시오. 하나님은 당신에게 부요함을 주십니다. 당신이 가난함을 선택하지 않으면 됩니다.

이제 당신은 무엇을 선택하시겠습니까?

나처럼 지혜로운 선택을 하십시오. 가장 부요하고 행복한 억만장자가 되십시오. 진정한 억만장자의 삶을 사십시오. 이것이 하나님께서 나와 당신에게 주신 축복입니다.

천재작가 장열정의 이야기와 깨달음 - 제 50 장

물질 기부하는 최고로 부요한 삶을 살라

당신은 물질 기부를 자주 하는 편입니까?

나는 평생 물질 기부하며 살 것입니다. 나는 '장열정의 1인창업연구소'를 설립하면서 물질 기부에 대한 비전을 세웠습니다. 나는 물질 기부하는 부자들을 보면서 부러워하곤 했습니다. 이제 나는 더 이상 부러워하지 않고 내가 물질 기부하는 부자가 되었습니다.

나는 그동안 물질 기부를 하지 못했습니다. 직장에서 월급을 받으면 한 달 생활비도 모자랐으며 특별한 일이 생기면 생활비도 부족했습니다. 병원비와 경조사비가 나가는 달에는 식비도 빠듯했습니다.

물질 기부를 하고 싶었지만 환경이 되지 않는다고 생각했습니다. 그래서 나는 노후에 물질 기부하면서 살아야겠다는 하는 마음이 있었습니다. 그렇게 살아오고 있었습니다. 기약 없는 기다림이었습니다. 아마 나에게 그런 시간이 오지 않았을 것입니다.

하지만 지금은 다릅니다. 나는 지금부터 시작했습니다.

물질 기부는 돈이 많다고 하는 것은 아닙니다. 주위에 돈이 많은 사람들이 많습니다. 물질 기부뿐만 아니라 자신을 위해서도 돈을 제대로 쓰지 못하고 있습니다. 그들은 마음껏 누리지 못하고 있습니다.

내 부모님은 30년 동안 한 동네에서 사셨습니다. 나는 부모님께서 이런 이야기를 나누시는 것을 들었습니다. 동네에 사는 어느 노부부의 이야기였습니다.

"여보, 그 할머니가 돌아가셨대요."

"어이구, 돈만 그렇게 모으면서 가난하게 살더니 결국 누려 보지도 못하고 그렇게 돌아가셨구먼."

"그러게. 안타까운 일이네요. 그렇게 열심히 돈만 모이시더니 써 보지도 못하고 결국…"

나는 노부부의 이야기를 듣고 결심했습니다. '나는 그렇게 살지 말아야지. 나와 가족을 위해서 저렇게 살지 말아야지'라고 다짐했습니다. 하지만 내가 결혼하고 직장 생활 해보니 그 이야기는 내 현실이 되고 내 이야기가 되고 있었습니다.

월급이 많아 돈을 모았다면 기부했을지도 모릅니다. 하지만 돈 모으는 것이 문제가 아니라 매달 생활비도 부족했습니다. 나는 저축하지 못하는 것이 불안했습니다. 한 달 벌어 한 달 생활하면 무슨 의미가 있겠습니까? 더 이상 발전이 없는 것입니다.

혹시 당신도 한 달 벌어 한 달 생활하고 있습니까?

나는 이런 생활을 청산했습니다. 한 달 동안 직장에서 노예처럼 일합니다. 하지만 나에게 돌아오는 것은 월급뿐입니다. 내가 그동안 누구를 위해 그렇게 열심히 일했는지에 대한 회의감도 들었습니다.

내 능력을 인정해 주는 회사를 찾고 싶었습니다. 하지만 그런 회사는 어디에도 없었습니다. 직원은 직원일 뿐입니다. 정말 그렇습니다. 직원에게 매출의 20%를 주겠습니까? 매출의 40%를 주겠습니까? 10%도 안줍니다.

직원은 직원 대우를 받을 수밖에 없습니다. 아무리 좋은 대우를 해줘도 직원은 직원입니다. 사장이 될 수는 없습니다. 운영권을 넘겨받아 동업 관계로 전환하거나 회사 지분을 넘겨받는 것이 아니면 직원은 직원일 뿐입니다.

대기업 직원은 무엇이 다를까요? 대기업 직원은 능력이 출중해도 월급만 받습니다. 좋은 능력으로 창업하면 오히려 더 많은 수입을 올릴 수 있습니다. 왜 굳이 그렇게 빡빡하고 스트레스 받는 대기업에 들어가서 칸막이에 갇혀 일합니까? 혹시 당신이 그러고 있진 않습니까?

나는 대기업에 다니는 사람이 부러웠습니다. 하지만 지금은 부럽지 않습니다. 월급을 받는 직장인일 뿐입니다. 자유가 없는 직장인입니다. 직장인 부러워하지 마십시오. 창업해서 당신이 하고 싶은 일을 하면서 월급의 몇 배를 한 달에 버십시오. 아니 하루 만에 버십시오. 내가 그랬습니다. 월급의 두 배가 넘는 돈을 하루 만에 벌었습니다. 놀랍지 않습니까?

내가 창업하지 않았다면 물질 기부는 꿈도 꾸지 못했을 것입니다. 나는 평생 베풀고 나누는 멋진 삶을 살 것입니다. 이렇게 멋진 삶을 살기 위해서는 어떻게 해야 할까요?

첫째, 직장인에서 벗어나야 한다.
둘째, 자신이 하고 싶은 일로 1인창업하라.
셋째, 하나님이 주시는 은혜와 축복을 경험해야 한다.
넷째, 하나님의 사랑을 전하는 삶을 살아야 한다.

나는 직장에서 벗어났습니다. 나는 내 꿈을 이루면서 살고 있습니다. 마음의 여유가 넘칩니다. 하나님이 주시는 은혜와 축복 속에서 하루하루를 살아가고 있습니다. 하나님을 전하는 삶을 살고 있습니다.

나는 최고로 멋진 삶을 살고 있습니다. 나는 물질 기부하는 더 멋진 삶을 살고 있습니다. 하나님께서 내게 주신 축복이자 은혜입니다. 하나님은 나를 부요하게 살게 하셨습니다. 물질도 부요하고 마음도 부요합니다. 둘 중에 하나라도 가난하다면 절대로 가능하지 않습니다. 하나님을 믿는 사람들에게만 가능한 일입니다.

당신도 물질의 부요와 마음의 부요를 누리십시오. 이것은 하나님을 믿는 자녀에게 주시는 축복입니다. 하나님을 믿는 마음에서 옵니다. 믿음으로부터 오는 것입니다. 믿음 하나로 부요를 얻는 것입니다. 정말 놀랍지 않습니까?

하나님은 당신을 사랑하십니다. 이것이 당신을 향한 하나님의 사랑입니다.

천재작가 장열정의 이야기와 깨달음 - 제 51 장
자녀에게 무엇을 물려줘야 할까?

당신은 자녀에게 무엇을 물려줄 것입니까?

나는 자녀에게 행복하게 사는 비결을 물려줄 것입니다. 나는 돈도 물려주지 않을 것입니다. 나는 집도 물려주지 않을 것입니다. 나는 자녀가 나보다 돈을 더 잘 받는 비결을 알려줄 것입니다. 나보다 좋은 집을 사는 비결을 알려줄 것입니다.

나는 내가 하고 싶은 일을 합니다. 내가 하고 싶은 일이 아니면 하지 않습니다. 시작했다가도 마음에 들지 않으면 바로 중단합니다. 그 일을 열심히 할 수 없기 때문입니다. 마음에 들지 않는 일은 제대로 끝낸 적이 없습니다.

나는 딸이 있습니다. 앞으로 더 많은 자녀를 낳을 것입니다. 나는 자녀를 어떻게 양육할지에 대한 고민이 많았습니다. 그래서 인터넷에서 많은 자료를 찾아봤습니다. 아내는 책도 많이 사서 읽었습니다.

나와 아내는 인터넷과 책에 있는 이야기들을 믿고 그대로 따라 했습니다. 하지만 이제 그것들을 믿지 않기로 했습니다. 육아에는 정답이 없기 때문입니다. 사람마다 다릅니다. 10개월 동안 책에 나온 대로 키워 보고 인터넷에서 이야기하는 대로 키워 보니 그것이 정답이 아니라는 사실을 깨달았습니다.

그 이후로 나는 자녀를 어떻게 키울 것인지에 대한 생각보다 '나는 어떤 아빠가 되어야 하는 가?'에 대한 생각에 잠겼습니다. 10개월 동안 아이는 나와 아내의 행동을 보고 그대로 따라 했습니다. 나는 여기서 한 가지를 깨달았습니다.

자녀를 어떻게 키워야 하는 지는 나와 아내의 모습에 따라 달렸습니다. 내가 밥을 맛있게 잘 먹는 모습을 보여주면 아이도 나를 따라 밥을 잘 먹을 것입니다. 내가 책을 쓰는 모습을 보여주면 아이도 책 쓰는 것을 좋아할 것입니다. 내가 긍정적인 말을 하면 긍정적인 모습으로 아이가 자랄 것입니다. 내가 잘 웃고 행복하게 살면 아이가 행복하게 살 것입니다. 내가 직장에 다니면 아이도 직장에 다니게 될 것입니다. 그래서 나는 직장을 과감하게 그만 둘 수 있었습니다. 내 자녀들이 직장에 다니지 않는 억만장자의 삶을 살게 해줄 것입니다.

나는 매일 출근하면서 피곤한 모습을 보여주고 싶지 않았습니다. 아침에 아이와 충분하게 시간을 가질 것이고 아침밥도 같이 먹는 삶을 살 것입니다. 퇴근할 때 피곤한 모습이 아닌 하루에 일을 1시간에서 3시간만 하고 아내와 아이들과 함께 시간을 보낼 것입니다.

매일 같이 직장에서 시간을 보내는 것이 아니라 매일 매일 여행하는 삶을 살 것입니다. 어쩌다가 시간을 한 번 내서 아이와 시간을 보내는 것이 아닌 가족과 함께하는 시간을 내 인생에서 가장 중요한 부분으로 삼을 것입니다. 나는 지금부터 이렇게 지내고 있습니다.

대부분의 사람들은 사업을 시작하면 사업이 성공할 때까지 가족을 등한시 합니다. 사업이 성공할 때쯤 가족과 이별하게 됩니다. 그렇다면 사업을 왜 한 것입니까? 사업을 하지 않았다면 행복한 삶을 살았을 것입니다. 가족의 행복보다 사업의 성공에 집착하지 마십시오.

나는 이렇게 살지 않을 것입니다. 나와 가족의 행복이 가장 중요합니다. 직장에 다니면서는 불가능한 일입니다. 아내는 힘들어도 혼자 시간을 보내야 했고 아이가 아파도 혼자 병원에 가야 했습니다.

당신도 그럴 것입니다. 누구나 그럴 수 있습니다. 하지만 나는 그런 삶을 원하지 않습니다. 아이가 아파서 병원에 입원했는데 사장님 눈치를 보면서 아이에게 갑니다. 왜 그래야만 합니까? 내 가족입니다. 내 아이입니다. 내가 왜 눈치 봐야 합니까? 사장님에게 죄송하다고 말해야 하는 이유가 있습니까? 그럴 거라면 직장을 그만두는 게 낫습니다. 나는 매번 스트레스 받았습니다. 아이가 가장 많이 아픈 시기였습니다. 사장님은 아이에게 가보라고 했지만 결국엔 훈계했습니다. 지금 열심히 해야지 가족을 돌볼 수 있다고 했습니다.

나는 그렇게 생각하지 않습니다. 직장에서는 답이 없습니다. 그 수준에서 머물 뿐입니다. 아이는 매일 크고 있습니다. 직장 생활할 때에는 몰랐습니다. 지금은 아이와 매일 함께 하고 있습니다. 행복합니다.

나는 자녀를 키우면서 깨달은 것이 많습니다.

첫째, 자녀는 내 모습대로 크게 됩니다.

육아 프로그램을 보면 아이가 잘못한 것이 거의 없습니다. 대부분 부모가 제대로 교육하지 못했거나 부모의 모습을 아이가 따라 해서 문제가 생긴 것입니다. 나는 아내와 자주 놀랍니다. 아내와 내 행동을 딸이 그대로 따라 하기 때문입니다. 그래서 나와 아내는 딸에게 좋은 모습을 보여줍니다. 존경받을 만한 모습을 보여줍니다.

둘째, 자녀에게 물려줘야 할 것은 바로 내가 사는 방식입니다.

자녀에게 돈을 물려주지 않을 것입니다. 자녀에게 행복하게 사는 방법을 알려줄 것입니다. 부요하게 사는 비결을 알려줄 것입니다.

셋째, 내가 믿는 하나님을 믿게 하는 것이 최고의 양육입니다.

나는 하나님을 믿는 사람입니다. 하나님의 자녀입니다. 하나님께서 나에게 행복을 주셨습니다. 내 자녀도 하나님을 믿는 자녀로 살아야만 합니다. 내가 가장 행복한 삶을 살고 있기 때문입니다.

나는 내 자녀가 나보다 행복하기를 바랍니다. 나는 자녀가 나보다 많은 축복을 받기를 원합니다. 나보다 좋은 집에서 살기를 원합니다. 나보다 돈을 잘 벌기 원합니다. 이것이 부모의 마음입니다. 이것이 당신을 향한 하나님의 마음입니다. 당신을 향한 사랑입니다.

나는 내 돈과 집을 물려주는 것이 아니라 내가 행복하게 사는 방법을 알려주고 나보다 더 행복한 삶을 살게 하고 나보다 더 축복 받으며 살게 할 것입니다. 그래서 나는 행복합니다. 자녀에게 물려줄 수 있는 것이 하나님을 믿는 행복한 삶이기 때문입니다.

나는 당신에게도 이것을 알려주고 싶습니다. 나는 당신이 행복하기를 원합니다. 하나님과 함께 하는 삶이야말로 진정한 행복임을 알려주고 싶습니다. 당신도 그렇게 살기를 원합니까? 그렇다면 당신도 하나님을 믿으십시오. 당신도 나처럼 행복을 누리십시오.

당신은 가족을 어떻게 생각합니까?

나는 가족을 가장 소중하게 생각합니다. 가족이 행복해야 내가 행복해집니다. 가족이 행복해야 자녀도 그렇게 살게 됩니다. 자녀에게 행복을 물려주십시오. 자녀에게 행복한 삶을 물려주십시오. 이것이 부모가 해야 할 가장 막중한 역할입니다. 나는 이 역할을 잘 감당할 것입니다. 나는 가장 행복한 부모이기 때문입니다. 그래서 내 자녀도 가장 행복할 것입니다. 이것이 하나님의 사랑입니다.

천재작가 장열정의 이야기와 깨달음 - 제 52 장

노후준비, 노후에 하지 말고 지금부터 하라

당신은 창업 코칭을 받아 본 적이 있습니까?

나는 많은 사람들에게 창업 코칭을 해주었습니다. 내 창업 코칭은 매우 가치 있습니다. 그래서 고가입니다. 내 가치는 지금도 기하급수적으로 오르고 있습니다.

나는 1인창업 코칭을 시작한 지 일주일 만에 고객이 생겼습니다. 직장에서도 일을 많이 하는 편이었습니다. 일을 많이 하고 빨리하는 편이었습니다. 진행 속도가 빨랐습니다. 나는 마음이 급한 편이었습니다. 급한 마음에 빨리 끝내야만 마음이 편안해지는 성격이었습니다.

한번은 이런 일이 있었습니다. 한 달 동안 진행되는 프로젝트였는데 하루 만에 끝낸 적도 있습니다. 나는 빠르게 결과를 내놓습니다. 그 이유는 한 번에 좋은 결과를 내놓은 적이 없기 때문입니다. 최고의 것을 내놓아도 매번 수정하고 방향이 달라지는 경우가 있었습니다. 그래서 일단 진행합니다. 많은 수정을 하지 않습니다.

나와 함께 일을 하는 사람들은 힘들어했습니다. 일을 천천히 해도 월급 받는 것은 똑같은데 왜 그렇게 열심히 하냐며 눈치를 주곤 했습니다. 나는 나에게 눈치를 주면 더 속도를 냅니다. 그래서 나는 눈치를 주지 못하는 환경을 만들어 버립니다.

그렇게 된다면 어느 누구도 나에게 어떤 말을 하지 않습니다. 오히려 사장님은 나에게 찾아와서 중요한 의논을 하기 시작합니다. 직장 상사의 해고 문제도 나와 상의하기 시작합니다.

나는 스스럼없이 이야기합니다. 상사가 직장에서 인정받지 못한다면 인정받는 곳으로 옮겨서 행복한 직장 생활을 하는 것이 낫습니다. 자리만 차지하고 있을 이유가 없습니다. 직장 상사를 위해서도 좋습니다. 마음 편히 직장 생활을 하지 못할 바에는 다른 곳으로 옮겨서 마음껏 능력을 펼치는 것이 낫습니다. 상사에게 맞는 일을 하는 것이 100배, 1000배 낫습니다. 당신은 직장에서 눈치를 보고 있습니까?

한번은 이런 일이 있었습니다. 사장님이 나에게 와서 직장 상사의 해고에 대해서 짧은 말을 하고 갔습니다.

"장주임, 김 대리가 일을 잘하고 있나?"

나는 이렇게 대답했습니다.

"김대리 역할만큼 하고 있는 것 같습니다."

사장님은 만족하지 못한 표정을 지으며 이렇게 또 물었습니다.

"김대리는 왜 대리 역할 밖에 하지 못한다고 생각하는가?"

나는 당당하게 이렇게 대답했습니다.

"사장님께서 팀장처럼 일하라고 하지 않았기 때문입니다. 사장님께서 팀장처럼 일하라고 하면 김 대리가 그렇게 움직일 것입니다. 사장님의 지시가 있어야 합니다."

사장님은 놀라면서 나에게 되물었다.

"그럼 왜 자네는 일을 그렇게 열심히 하나?"

"저는 누구에게 지시받는 것을 싫어합니다. 눈치 보는 것도 싫습니다. 그냥 제가 다 알아서 하는 게 편합니다."

"알았네, 일하게."

사장님은 나가셨습니다. 나는 사장님의 질문에 대답을 해 놓고 한참 동안 멍하게 있었습니다. 그리고 한 달 후에 퇴사하기로 결정했습니다. 회사에서 더 이상 배울 것이 없다고 생각했기 때문입니다. 나에게는 좋은 기회였지만 내가 원하는 것은 아니었습니다.

내가 회사를 그만두기로 결정한 이유는 어느 누구에게도 지시받고 싶지 않았기 때문입니다. 나는 지시받는 것을 매우 싫어합니다. 좋은 일과 선한 일에는 지시받는 것을 좋아합니다. 하지만 사소한 일로 지시받는 것을 매우 싫어합니다.

나는 직장에 있어서는 안 될 사람입니다. 나는 사장이 되어야만 했습니다. 나는 사업을 해야만 합니다. 당신도 그렇지 않습니까? 당신도 회사를 운영할 수 있지 않습니까? 매일 아침 출근하기 싫은 마음을 다 잡고 왜 출근길에 발걸음을 옮겨야 합니까? 당신은 사업을 하고 싶은데 걱정 때문에 못하고 있습니까? 그럼 은퇴하기 전까지 직장에 다녀야 합니다. 은퇴 후에 계획은 있습니까?

당신이 은퇴하면 회사든 가게든 창업을 하게 될 것입니다. 노후준비가 확실하게 되어 있다면 괜찮습니다. 다른 수입원이 있다면 창업하지 않아도 됩니다. 마음껏 노후를 즐겨도 됩니다. 노후준비가 확실히 되어 있지 않다면 당신은 분명 창업하게 될 것입니다. 이미 많은 사람들이 그렇게 하고 있기 때문입니다. 주위를 둘러보십시오.

당신은 '그때 되면 어떻게든 되겠지'라는 생각을 하고 있습니까?

당신은 지혜롭게 생각해야 합니다. 대기업 회장도 언젠가는 은퇴를 합니다. 임원도 은퇴합니다. 과장도 은퇴합니다. 팀장도 은퇴합니다.

이들이 은퇴하고 무엇을 하는지 아십니까?

대부분 창업합니다. 당신은 지혜로운 사람입니다. 그때 가서 준비하지 말고 지금 준비하십시오. 늦었다고 생각할 때 정말 늦은 것입니다. 늦게 시작할 이유가 있습니까? 늦게 시작해서 힘들게 준비해야 할 이유가 없습니다. 지금부터 준비하면 되는 것입니다.

나는 창업을 일찍 했습니다. 1인창업으로 창업을 했습니다. 1인창업을 준비하다 보니 더 이상 직장에 다닐 필요가 없어졌습니다. 노후를 걱정하지 않아도 됩니다. 평생 부요하게 사는 일만 남았습니다.

당신은 다큐 프로그램에서 "힘들다. 장사가 안 된다." 이런 이야기를 이제 할 필요도 없습니다. 오히려 인터뷰를 하면 됩니다. "일찍 준비해서 성공했다. 그래서 정말 행복하다." 라고 기쁘게 외치면 됩니다. 늦게 시작하면 늦습니다. 일찍 준비해서 일찍 시작하십시오. 지금 시작해도 되지 않습니까? 지금 당장 시작하십시오. 노후준비, 노후에 하지 말고 지금부터 하십시오.

천재작가 장열정의 이야기와 깨달음 - 제 53 장

자신의 인생에 한계가 없는 삶을 살라

당신은 당신의 한계를 뛰어넘은 적이 있습니까?

나는 매일 내 한계를 뛰어넘고 있습니다. 나는 한계를 뛰어넘는 것을 즐깁니다. 고통스러울 때도 있었지만 이제 고통스럽지 않습니다. 너무나 재미있습니다. 나는 한계를 매일 뛰어넘고 있음에 감사합니다.

나는 같은 일을 같은 시간에 처리하는 것을 좋아하지 않습니다. 오늘은 2시간이 걸렸다면 내일은 1시간 만에 끝내야 합니다. 같은 시간과 같은 노력은 발전 없이 사는 지름길입니다. 자신을 위해 발전하는 삶을 살기로 결정해야 합니다.

나는 선교 단체에서 한 달에 한 번 신문 사역을 했습니다. 나는 글 쓰는 것이 고통스러웠습니다. 고통의 연속이었습니다. 처음에는 일주일 내내 기사를 써도 신문 기사가 나오지 않았습니다. 그렇게 몇 개월의 시간을 보냈습니다.

나는 신문 사역을 그만하기로 마음먹었습니다. 목사님께 찾아가 신문 기사 쓰는 것이 어렵다고 말했습니다. 하지만 신문 사역을 할 간사가 없었습니다. 나는 하기 싫은 일은 제대로 하지 못합니다. 주어진 일이니 맡겨진 시간까지 최선을 다해 보기로 했습니다. 그렇게 결정하고는 일을 빠르게 마무리하려고 애썼습니다. 마음에 들지 않아도 빠르게 끝내기 위해 최선을 다했습니다.

의외의 결과가 나왔습니다. 오히려 칭찬받았습니다. 내용이 좋다며 칭찬하셨고 구성도 좋다고 칭찬하셨습니다. 나는 이유가 무엇인지 생각해봤습니다. 나는 그동안 완벽한 신문을 만들기 위해 많은 생각을 했습니다. 그것이 오히려 좋지 않은 결과를 가져온 것입니다.

나는 그동안 지쳐 있었습니다. 그래서 신문 기사도 잘 나오지 않았던 것입니다. 내 생각을 바꿔서 일 했을 뿐인데 좋은 결과가 나왔습니다. 나는 신문에 대한 생각을 바꿨습니다. 어려운 일이 아닌 쉽고 빠르게 끝낼 수 있는 일이라고 생각하니 마음의 부담이 없어졌습니다.

나는 신문을 통해 깨달음을 얻었습니다.

첫째, 문제가 무엇인지 찾아야 합니다.

내가 신문사역을 예전과 같은 생각과 방식으로 만들었다면 변화는 오지 않았을 것입니다.

둘째, 문제가 있다면 생각부터 바꿔야 합니다.

'아 왜 이렇게 오래 걸리지?'라고 생각하는 것이 아니라 '어떻게 하면 빨리 끝낼 수 있을까?'를 생각하면 됩니다. 그렇게 생각하는 순간 다른 방법으로 일하게 됩니다.

나는 같은 생각과 같은 방식으로 일하면서 불평불만을 입에 달고 살았습니다. 생각과 방식을 바꾸니 모든 것이 편해졌습니다. 신기한 일이 아닙니다. 당연한 일입니다. 당신도 그렇게 하십시오. 한계를 뛰어넘으려면 생각을 바꾸십시오.

셋째, 하나님의 지혜를 구해야 합니다.

하나님의 지혜는 말로 설명할 수 없습니다. 하나님의 지혜는 어떤 것보다 뛰어납니다.

나는 이제 하나님의 지혜로만 일합니다. 내 생각으로 일하면 한계에 부딪힙니다. 한계에 부딪히면 일하기 싫어집니다. 다 귀찮아집니다. 희망찬 일도 절망적으로 끝나게 됩니다.

나는 어떤 일을 시작할 때 이렇게 기도합니다.

"하나님, 일을 잘 끝내게 해주셔서 감사합니다. 하나님께서 지혜를 주셔서 잘 끝냈습니다. 하나님 사랑합니다. 하나님 행복합니다. 하나님 감사합니다. 예수님의 이름으로 기도합니다. 아멘"

하나님의 지혜로 기도하면 금방 끝납니다. 하나님께서 함께 하시기 때문입니다. 하나님의 방법으로 일한다면 어떤 것도 금방 끝마치게 됩니다. 정말 신기합니다.

지혜가 제일이니 지혜를 얻으라 네가 얻은 모든 것을 가지고 명철을 얻을지니라 그를 높이라 그리하면 그가 너를 높이 들리라 만일 그를 품으면 그가 너를 영화롭게 하리라 그가 아름다운 관을 네 머리에 두겠고 영화로운 면류관을 네게 주리라 하셨느니라 (잠 4:7-9)

나는 한계가 없는 사람입니다. 하나님의 자녀이기 때문입니다. 하나님의 자녀에게 불가능은 없습니다. 나는 매일 한계를 뛰어 넘고 있습니다. 오늘 3시간이 걸렸다면 내일은 2시간, 다음 날은 1시간 만에 일을 끝냅니다.

하나님은 우리에게 어리석음을 주지 않으셨습니다. 어리석게 사는 것도 나와 당신의 선택 때문입니다. 예수님이 십자가 매달려 돌아가셨을 때 이미 지혜를 주셨습니다. 정말 놀랍지 않습니까?

나는 하나님의 지혜로 모든 일을 빠르게 끝냅니다. 단기간에 끝내고 싶습니다. 그래서 나는 자유롭습니다. 어떤 일이든지 금방 끝낼 수 있기 때문입니다. 당신에게도 한계가 없습니다. 당신의 한계도 당신이 정한 것입니다. 당신이 정하지 마십시오. 하나님께서 정하십니다. 이미 정해 놓으셨습니다.

당신이 하나님을 믿는 자녀라면 한계가 없는 삶을 살 것입니다. 나는 하나님의 자녀이기 때문에 한계가 없는 삶을 살고 있습니다. 나는 세계적인 사업가, 강연가, 작가가 되고 있습니다. 내 행복에도 한계가 없습니다. 지금보다 100배, 1000배 행복할 것입니다. 행복의 한계를 뛰어 넘을 것입니다. 나는 누구보다 행복한 하나님의 자녀입니다.

천재작가 장열정의 이야기와 깨달음 - 제 54 장

천재적인 사업가, 강연가, 작가의 길을 가라

당신은 선교하는 것을 좋아합니까?

나는 선교하는 것을 좋아합니다. 나는 평생 선교하면서 살 것입니다. 누군가 내 도움을 받고 어려움을 극복하면 나는 정말 행복합니다. 이것이 내 꿈과 비전입니다. 나는 평생 어려운 사람들을 도우면서 행복하게 살 것입니다.

나는 해외 단기 선교를 두 번 다녀왔습니다. 필리핀과 인도에 다녀왔습니다. 모두 교회에서 간 것입니다. 이 기억을 평생 잊을 수 없습니다. 내 인생에서 가장 중요한 시기였습니다. 나는 이러한 경험을 통해 내 인생이 달라졌습니다.

필리핀 단기 선교 갔었을 때의 일입니다. 내 인생의 첫 번째 해외여행이었습니다. 선교라는 마음보다는 누군가를 돕기 위한 마음보다는 첫 번째 해외여행이라는 사실이 나를 더 설레게 했습니다.

나는 단기 선교 일정 동안 매일 일기를 썼습니다. 지금도 가끔 그때 쓴 일기를 봅니다. 일기를 보면 그 때의 일들이 생생하게 생각납니다. 외진 곳에 위치한 학교에 갔습니다. 학교에 가서 함께 찬양도 하고 선물도 나눠주고 예배를 드렸던 기억이 생생합니다.

나는 거기서 만난 한 아이를 잊지 못합니다. 군 입대 일정이 확정된 시기였습니다. 그 아이에게 3년 후에 다시 오겠다고 약속했습니다. 하지만 3년 후에 필리핀 단기 선교 프로그램이 없어졌습니다.

그 아이가 나에게 준 편지를 받았지만 안타깝게도 어디 있는지 기억나지 않습니다. 나는 그 아이를 찾고 싶습니다. 매년 나를 기다렸다고 합니다. 전도사님이 나에게 이런 말씀을 뒤늦게 하셨습니다.

"지키지 못할 약속은 절대 안 돼. 그 아이들은 그 약속이 희망이 되어 평생 잊지 않고 살아 갈 거야. 너를 평생 기다릴 수도 있단다."

나는 마음이 찢어질 듯 아팠습니다. 내 실수로 아이에게 상처를 줬습니다. 지금도 아이의 눈빛이 생각납니다. 나는 이제 지키지 못할 약속은 안 합니다.

두 번째 인도 단기 선교에서의 이야기입니다. 목사님 아들이 있었는데 나보다 동생이었습니다. 목사님 아들은 듬직했습니다. 나와 목사님 아들은 급속도로 친해졌고 인도 단기 선교 내내 붙어 다녔습니다.

인도도 필리핀과 마찬가지로 어려운 환경 속에서 아이들이 지내고 있었습니다. 나는 필리핀 단기 선교에서의 기억이 떠올라서 인도에서는 약속을 하지 않기 위해 노력했습니다. 오히려 학교 학생들이 나에게 약속을 했습니다. 그들이 이메일을 보내겠다고 했는데 이메일은 오지 않았습니다. 참 아쉬웠습니다.

나는 필리핀에서 나와 약속했던 아이가 내가 기다렸던 것처럼 기다리고 있는 생각만 하면 아직도 마음이 아픕니다. 그런데 나는 또 실수를 했습니다. 목사님 아들에게 인도에 다시 오겠다고 약속을 한 것입니다. 나는 이들과의 약속은 지키지 못했지만 나는 하나님과의 약속을 지켰습니다. 하나님은 이들을 통해 내가 복음을 전하게 하셨습니다.

나는 선교를 제대로 한 적이 없었습니다. 직접 가서 선교하는 것에 대한 마음보다는 내가 해외 나가는 것에 대한 마음이 컸습니다. 하지만 이런 경험을 통해 하나님은 내 인생을 통째로 바꿔 놓으셨습니다.

나에게 선교에 대한 마음을 심어 주셨습니다. 그래서 선교 단체에서 간사로 사역할 수 있었습니다. 선교에 대한 마음을 심어 주시지 않았다면 선교 단체 간사로 사역하지 못 했을 것입니다.

선교 단체에서 사역하는 동안 지금의 아내를 만났습니다. 이것은 하나님의 계획이라고 밖에 설명이 되지 않습니다. 단순히 해외여행에 대한 기대감으로 시작한 선교였습니다. 이를 통해 가정의 축복까지 받았고 자녀의 축복까지 주셨습니다. 너무나 은혜롭습니다.

나는 선교를 통해 하나님의 방법을 깨달았습니다.

첫째, 선교 자체가 축복의 통로이다.
둘째, 선교하면서 마음을 변화시키신다.
셋째, 하나님은 나를 가장 잘 아신다.
넷째, 하나님의 사람은 복음을 전하게 된다.

나는 많은 경험을 했습니다. 나는 결국 하나님을 전하는 사업을 평생 하기로 결정했습니다. 나는 길을 돌아서 온 것 같았습니다. 하지만 하나님께서 보시기에는 돌아온 것이 아닌 제대로 온 것이었습니다. 또한 나는 많은 경험을 통해 성령 충만해졌다고 생각했습니다. 하지만 그것이 아니었습니다.

나는 천재멘토를 만나 지난날의 내 믿음 없음을 회개했습니다. 나는 그동안의 경험을 통해 성령 충만해진 것이 아니라 하나님을 믿는 믿음이 확실해졌기 때문에 성령 충만해졌습니다. 나는 이제 행위를 통해 하나님께 영광 돌리지 않습니다.

나는 믿음으로만 하나님께 영광 돌립니다. 감사의 기도만 드립니다. 나는 경험과 행위를 통해서만 하나님께 나아가고 있었습니다. 하지만 이제는 그렇게 하지 않습니다. 나는 하나님을 믿는 믿음으로 예배하고 찬양하고 기도합니다.

복음에는 하나님의 의가 나타나서 믿음으로 믿음에 이르게 하나니 기록된 바 오직 의인은 믿음으로 말미암아 살리라 함과 같으니라 (롬 1:17)

믿음이 없이는 하나님을 기쁘시게 하지 못하나니 하나님께 나아가는 자는 반드시 그가 계신 것과 또한 그가 자기를 찾는 자들에게 상 주시는 이심을 믿어야 할지니라 (히 11:6)

하나님을 온전히 믿는 자에게는 영생을 주겠다고 약속하셨습니다. 나는 천국처럼 살다가 천국으로 갈 것입니다. 나는 영원히 행복하게 살 것입니다. 하나님에게서 한 발짝도 떨어지지 않을 것입니다. 하나님은 나를 가장 잘 아시고 나를 가장 사랑하시고 나에게 축복을 주시는 나의 구원자, 나의 창조자, 나의 아버지임을 믿기 때문입니다.

나는 천재적인 방법으로 온전한 복음을 전할 것입니다. 천재적인 방법으로 탁월하게 선교할 것입니다. 이것이 내가 사는 이유입니다.

당신도 세계적인 사업가, 강연가, 작가의 길을 가십시오. 이를 통해 온전한 복음을 전하십시오. 그리고 당신의 도움을 필요로 하는 사람들을 마음껏 돕고 사십시오. 천재적으로 복음을 전하고 탁월하게 선교하면서 사십시오. 나는 평생 이렇게 살 것입니다.

나는 하나님을 믿는 가장 행복한 사람입니다. 하나님 사랑합니다. 온 맘 다해 영원히.

[글을 닫으면서]

'직장인'에서 '사장님'으로
'노예'에서 '억만장자'로 성장하라

당신은 직장인에서 사장님이 되어야 합니다.

나는 직장인에서 사장님으로 신분 상승했습니다. 나는 1인창업하여 억만장자의 삶을 살고 있습니다. 나는 행복합니다. 1년 전과는 전혀 다른 삶을 살고 있습니다. 정말 신기하지 않습니까?

당신은 아직도 '평생직장을 위해서 내 인생을 다 바칠 거야'라고 생각하십니까? 이제 그런 시대는 갔습니다.

직장에서는 할 수 있는 것이 많지 않습니다. 자유롭게 일할 수 있습니까? 아니면 자유롭게 말할 수 있습니까? 자유로운 것이 없습니다.

하지만 1인창업하면 모든 것이 자유로워집니다. 풍요로워집니다.

당신은 평생 푼돈의 노예로 살 것입니까?

이제 당신도 억만장자가 되어야 합니다. 1인창업하여 하고 싶은 일만하면서 부유한 삶을 사십시오. 직장에서는 일어날 수 없는 일입니다. 직장인이 억만장자가 되었다는 이야기를 들어본 적이 있습니까? 불가능한 일입니다. 직장인이 창업하여 사장님이 되어야 그런 일도 일어나는 것입니다.

나는 용기 있는 선택을 했습니다. 나는 행복한 삶에 대한 열정이 강했습니다. 그래서 나는 과감히 직장을 그만두고 1인창업을 했습니다. 결과는 너무나 만족스럽습니다. 평생 후회하지 않습니다.

당신은 어떤 선택을 하겠습니까?

이제 당신이 선택할 차례입니다. 1인창업, 책쓰기와 강연 원리를 배우고 싶다면 나에게 직접 일대일 코칭을 받아야 합니다. 가격은 싸지 않습니다. 하지만 가격이 중요한 것이 아닙니다. 가격보다 중요한 것은 당신의 인생입니다. 당신의 행복입니다. 당신의 인생을 행복하게 만드십시오. 당신에게 아낌없이 투자하십시오. 당신이 지금보다 100배, 1000배 행복한 삶을 살 수 있게 말입니다.

지금 당장 1인창업 원리를 배우고 1인기업을 세우십시오.

책쓰기와 강연 원리를 배워서 작가가 되고 강연가가 되십시오.

1인창업의 성공 비결은 책을 쓰고 강연하는 것입니다. 책은 나를 대신해서 전국과 세계를 돌아다니며 내 이야기를 전해 줍니다. 책을 통해 강연을 하고 천재적인 사업을 하십시오. 이를 통해 억대수입을 올려 행복하게 사십시오.

책쓰기는 쉽습니다. 책쓰기는 재미있습니다.

강연은 쉽습니다. 강연은 재미있습니다.

쉽고 재미있는 책쓰기와 강연을 배워서 1인창업으로 억만장자가 되십시오. 책쓰기와 강연은 행복의 문을 여는 열쇠입니다. 이제 당신도 그 열쇠를 가지십시오. 그 열쇠로 행복의 문을 여십시오. 나는 행복의 문을 열고 매일 행복한 나날을 보내고 있습니다.

누구나 할 수 있습니다. 당신도 할 수 있습니다. 이제 남의 회사에서 노예처럼 눈치 보면서 일하지 마십시오. 이제 당신이 사장이 되어 직원을 책임지는 위치에 서십시오. 신분 상승하십시오. 의식 수준을 높이십시오.

어느 날 고객이 나에게 이렇게 이야기합니다.

"장열정 회장님, 저는 이런 방법이 있다는 것을 알았다는 것만으로도 성공했다고 생각합니다. 이런 방법을 평생 모르고 사는 사람도 있을 테니 말입니다. 그래서 저는 지금 성공했습니다."

내 생각은 다릅니다. 아는 것만으로 성공하지 못합니다. 실천해야 성공하는 것입니다. 생각만으로 성공하지 못합니다. 당신도 이렇게 생각하고 있다면 생각을 바꾸십시오. 지금 당장 시작하십시오.

1인창업을 통해 당신은 완전히 다른 삶을 살게 될 것입니다. 그동안 많이 힘들지 않았습니까? 이제 그 힘든 생활은 끝났습니다. 새로운 세계가 당신 앞에 펼쳐져 있습니다. 지금 당장 성공의 대열에 서십시오.

이제 당신이 직장인에서 사장님이 되십시오.

이제 노예 생활을 청산하고 억만장자의 삶을 사십시오.

이제 부요하고 행복한 삶을 사십시오. 최고의 삶을 사십시오.

나는 당신이 행복하길 바랍니다. 당신이 진심으로 성공하길 바랍니다. 나는 당신을 진심으로 돕고 싶습니다. 우리 천국에서 만납시다. 하나님께서 당신을 사랑하십니다. 당신을 축복합니다.

[감사의 글]
"나는 사랑받는 행복한 사람입니다"

　나는 하나님을 믿는 사람입니다.
　나는 사랑받고 전하기 위해 태어난 사람입니다. 나는 너무나 많은 사랑을 받고 있습니다. 나는 온전한 복음을 전하고 있습니다. 그래서 정말 행복합니다.
　모두 하나님의 은혜입니다. 하나님은 나를 너무나 사랑하셔서 이렇게 책을 쓰게 해주셨습니다. 나에게 책 쓰는 재능을 주셨습니다. 나는 성령님의 이끄심으로 단기간에 책을 썼습니다.
　나는 책을 쓰는 사람이 대단하다고 생각했습니다. 내가 실제로 써보니 정말 대단한 일입니다. 하지만 쉽고 재미있게 해냈습니다. 내 아내도 책을 쓰게 할 것입니다. 내 자녀에게도 책을 쓰게 할 것입니다. 나는 내 가족 모두 책을 쓰게 할 것입니다.
　책을 쓰고 나서 많은 것이 달라졌습니다. 정말 많은 일들이 일어났습니다. 정말 감사한 일들이 너무나 많이 일어났습니다.
　가장 먼저 내 의식 수준이 높아졌습니다. 내 삶이 완전히 달라졌습니다. 1인창업을 통해 내 삶을 변화시켜 주신 하나님께 정말 감사합니다. 책 쓰기를 통해 내 의식 수준이 높아지게 해주신 천재멘토 목사님에게도 감사합니다. 천재멘토 목사님을 보내 주신 하나님께 모든 영광을 돌립니다. 이를 통해 평생 온전한 복음을 전하겠습니다.

성령님께서 나에게 깨달음을 주셔서 책을 쓸 수 있었습니다.

성령님 감사합니다. 성령님 사랑합니다. 성령님 행복합니다.

나를 낳아 주시고 잘 성장할 수 있도록 돌봐 주신 부모님께 감사하고 사랑하고 존경합니다. 아내를 낳아 주시고 잘 성장할 수 있도록 돌봐 주신 부모님께 감사하고 사랑하고 존경합니다. 나를 믿어 주고 도와주신 모든 분들에게 감사합니다. 이 책을 읽어 주신 독자 여러분들께도 감사합니다.

무엇보다 책을 쓸 수 있도록 나를 전적으로 믿고 도와준 아내에게 진심으로 감사합니다. 정말 사랑합니다. 영원히.

하나님 감사합니다. 하나님 사랑합니다.

하나님께 모든 영광을 돌립니다.

나는 1인사업으로 억대수입의 길을 간다

초판 1쇄 인쇄 | 2014년 7월 30일
개정 2쇄 발행 | 2017년 10월 11일

지은이 | 장열정
발행인 | 최선미
발행처 | 백배미디어
등록일 | 2016년 4월 27일, 제2016-52호
주소 | 서울특별시 송파구 잠실동 백제고분로 11길 23-1 301호
전화 | 02)572-6165, 010-6567-6334
메일 | jgivemg@naver.com

본 제작물의 저작권은 '백배미디어'가 소유하고 있습니다.
저작권법에 의하여 한국 내에서 보호를 받는 저작물이므로
무단 전제와 무단 복제를 금합니다.

979-11-88641-00-0 03320

책값 2만 원